D1724974

Dr. Gerhard Hastreiter

Mittelmaß und Wahnsinn

Vom täglichen Spagat zwischen Anspruch und Wirklichkeit in unseren Unternehmen und wie Fortschritt und Innovation tatsächlich vom Fleck kommen könnten

© 2019 Dr. Gerhard Hastreiter

Illustrationen: Sabine Kennel

Titelbild: iStock

Verlag & Druck: tredition GmbH, Hamburg

ISBN

Hardcover	978-3-7482-2419-8
e-Book	978-3-7482-2420-4

Inhalt

Vorwort

Zu gerne hätte ich dieses Buch „Bekenntnisse eines Nichtkonformisten" genannt, ein Bild gezeichnet als jemand, der nach fünfundzwanzig Jahren unter dem immer enger gewordenen Joch einer Unternehmensbürokratie die — gefühlten — Ketten gesprengt hat, um nun dem System einen Spiegel vorzuhalten und den Weg in eine bessere Zukunft zu weisen. Opfer und Visionär zugleich. — Allein, das wäre nicht redlich.

Für Nicht-Konformisten ist – wohl zurecht – kein Platz im höheren Management. Ich habe mich gerne in der Nähe des Randes bewegt, den Bogen dessen, was noch als konform gilt, etwas stärker gespannt, gelegentlich dem System einen Spiegel zum Schmunzeln vorgehalten und auch manchmal klar und deutlich Position bezogen. Nie aber habe ich wirklich an den Festen des Systems gerüttelt. Im Gegenteil, ich war stolzer Teil dieses Systems. Ich bin kurz nach der Geburt meiner zweiten Tochter auf ein Management-Seminar gegangen, weil „man die Einladung seines CEOs nicht ausschlägt". Ich habe mich im Urlaub um Mitternacht aus dem Bett geschlichen, um an Telefonkonferenzen teilzunehmen (in der absurden Annahme, meine Familie würde das nicht wirklich bemerken). Ich habe dem Burnout in die Augen geschaut und gerade noch rechtzeitig die Kurve gekriegt. Und warum? — Die Antwort ist einfach: weil es Spaß gemacht hat!

Ich habe ziemlich genau fünfundzwanzig Jahre in einem der größten und erfolgreichsten Unternehmen Deutschlands gearbeitet, einem Versicherungs- und Finanzdienstleister, der unter anderem die Finanzkrise bravourös überstanden hat. Ich hatte das Glück, dabei immer ein Umfeld zu finden, das zu mir passte: Chefinnen und

Chefs, von denen ich etwas lernen konnte und Kolleginnen und Kollegen, mit denen zusammen wir etwas „schaffen" konnten — in beiderlei Sinn des Wortes: kreativ (oder sagt man besser „innovativ"?) und ergebnisorientiert — und dabei Spaß hatten. Vom Programmierer (heute trägt man so eine Qualifikation gerne als Ehrenzeichen) habe ich mich über alle Stufen und „Entwicklungsprozeduren", die so ein Großunternehmen zu bieten hat, hochgearbeitet ins höhere Management. Ich habe in der IT gearbeitet, im Vertrieb und in dem, was man heute „Operations" nennt. Ich habe große Linieneinheiten geführt, komplizierte Projekte geleitet und zuletzt die weltweite Inhouse-Beratung. Kurz, ich habe fast alles gesehen und erlebt und nochmal: es hat Spaß gemacht. So viel Spaß, dass ich dafür die Grenzen meiner eigenen Belastbarkeit und der meiner Familie ausgereizt habe.

Dazu kommt, dass das System mit all seinen Dysfunktionen, um die es in diesem Buch auch geht, durchaus erfolgreich ist. Erfolgreich nicht im Sinne eines wir-lassen-alle-anderen-weit-hinter-uns-erfolgreich, eher im Sinne von „gut genug, um unsere Position im Spitzenfeld zu behaupten", aber trotzdem erfolgreich. Genau hier beginnt jedoch das Problem und es ist ein verbreitetes: Die Lücke zwischen Ambition und Wirklichkeit ist groß und wird immer größer.

Warum ist das so und gibt es einen Weg aus diesem Dilemma?

Dazu verfolgt dieses Buch zwei Thesen. Die erste These lautet: In einer Welt, in der die Möglichkeiten exponentiell wachsen, führen wir große Organisationen immer noch mit den Paradigmen und Methoden einer industriellen, ja teilweise vor-industriellen Zeit. Die sich daraus ergebenden Beschränkungen und Fehlfunktionen sind es, die die Ausschöpfung des wahren Potenzials verhindern. Die zweite These ist: Der Ausweg aus diesem Zustand liegt in einer Transformation von der Großorganisation, die dem Skaleneffekt huldigt, zu einer Organisation der Autonomie, echter Autonomie.

Nach den einleitenden Kapiteln („*Mittelmaß und Wahnsinn*" und „*Exponential-Potential und Ergebnis-Depression*"), die sich mit der Frage der unausgeschöpften Potenziale befassen und warum wir trotz aller „Wahnsinns-Rhetorik" größtenteils im Mittelmaß stecken bleiben, geht es zunächst um eine Auseinandersetzung mit den angesprochenen Fehlfunktionen:

- Von der erfolglosen Suche nach den internen Unternehmerpersönlichkeiten („*Unternehmer verzweifelt gesucht*")

- über die Wucherungen der Matrixorganisation („*Matrix overloaded*"),

- die erfolglose Jagd nach der Innovation („*Jäger des verlorenen Schatzes*"),

- die Abhängigkeit von externen Beratern („*Die großen Gleichmacher*"),

- den wenig durchdachten Umgang mit der „Ressource" Mensch („*Clone Wars*"),

- die systematischen Gründe, die zum Versagen in großen Projekten führen („*Mission impossible*")

- und die Frage, warum der viel beschworene „Change" immer wieder steckenbleibt („*Die Dialektik der Veränderung*").

Die letzten beiden Kapitel („*Ready player one*" und „*Schöne neue Welt*") widmen sich schließlich der Frage, wie eine Organisation der Autonomie aussieht und welche Wege es dahin geben kann.

Ach ja, am Ende haben wir uns dann doch vorzeitig getrennt; — mein Arbeitgeber und ich. Warum? Um ehrlich zu sein, die abschließende Antwort auf diese Frage habe ich selbst noch nicht ganz gefunden. Vielleicht liegt auch sie irgendwo in den nächsten Seiten.

Mittelmaß und Wahnsinn

Was dieses Buch soll und was es nicht kann

„Die Definition von Wahnsinn ist, immer wieder das Gleiche zu tun und andere Ergebnisse zu erwarten."

Albert Einstein

B isweilen grenzen Genie und Wahnsinn eng aneinander. Manchmal nimmt man ein wenig Wahnsinn in Kauf, um das Genie dahinter leuchten zu sehen. Blickt man aber zurück auf eine Arbeitswoche in einer unserer großen Organisationen, so stellt sich ein Gefühl der ganz anderen Art ein: sich täglich beschleunigender Wahnsinn. Ein Wahnsinn, der die pathologischen Verhaltensweisen selbst zu generieren scheint, aus denen er sich speist: Frustration und Aggression. Am schlimmsten aber ist: am Ende des Pfads lockt nicht etwa das Außergewöhnliche. Nein, das Ergebnis ist meist nichts anderes als: Mittelmaß.

In beidem — im Mittelmaß wie im Wahnsinn — haben sich viele Organisationen eingerichtet, ja geradezu eingekuschelt. Das ist irgendwie und beinahe logisch für das Mittelmaß oder sagen wir freundlicher: den Durchschnitt. Auch wenn es an ein Sakrileg grenzt, das auszusprechen: In der Mitte ist es bequem. Das Risiko ist begrenzt, man muss sich keinen schwierigen Fragen stellen und kann im Wesentlichen weitermachen, wie man es eben immer macht. Der Rest der Welt ist ja per Definition auch größtenteils durchschnittlich.

Natürlich würde kein Manager einer großen Organisation dergleichen zugeben. Vermutlich würde auch keiner dergleichen ernsthaft glauben, denn fast immer wird die praktizierte Durchschnittlichkeit begleitet von der Musik des Wahnsinns, einem sich ständig steigernden Stakkato an Terminen, Initiativen und Immer-Schneller-Vorwärts-Rhetorik. Das Bild vom Hamsterrad ist abgedroschen, aber dennoch beschreibt es die Situation: schneller, immer schneller. Bis zur körperlichen Erschöpfung. Aber ohne substanziellen Fortschritt. Und tatsächlich haben wir auch in diesem Wahnsinn eine Art Komfortzone gefunden. Wir praktizieren ihn geübt und leidenschaftlich. Vom mutig vorgetragenen Wassermelonenstatus (außen grün, innen rot) im Lenkungsausschuss über die multiple Verantwortungsverwässerung in Organigrammen, die wie U-Bahnpläne von Großstädten aussehen, bis hin zu den längst leeren Ritualen der Personalentwicklung — wir tun es! Manchmal tun wir es vielleicht mit einem Augenzwinkern, manchmal klagen wir vielleicht beim Mittagessen und manchmal wehren wir uns vielleicht sogar (ein klein wenig). Aber wir tun es. Schließlich ist der Wahnsinn die Norm und die Geschwindigkeit, mit der wir unser Hamsterrad antreiben, ein wichtiger Einflussfaktor für das persönliche Vorwärtskommen.

Aber selbst wenn man bereit ist, den selbst generierten Wahnsinn als Standard zu akzeptieren: ohne die Aussicht auf das genialische oder wenigstens ein außergewöhnliches Ergebnis fehlt ihm in Wahrheit seine Berechtigung und wir müssen uns fragen, wie wir entweder das Pathologische loswerden oder das Ergebnis auf eine neue Stufe heben können. Oder am besten beides. Dass wir uns aber so gut eingerichtet haben und dass wir unser Rad zusammen mit so vielen anderen im Gleichtakt in Schwung halten, verstellt den Blick darauf, was dafür zu tun wäre. Deshalb ist das erste Ziel dieses Buchs Provokation. In der Hoffnung, dass es eine Reaktion der Art „Das können wir besser!" hervorruft, habe ich versucht, die Dinge in den buntesten Farben zu malen, die am lautesten nach Veränderung rufen. Das regt hoffentlich an und manchmal sollte der Blick in den Spiegel sogar unterhaltsam sein. Provokation und ein entsprechender Reflex allein sollte schon viel helfen, aber die Fragen, die sich stellen und die Antworten, die es darauf zu finden gilt, sind fundamentaler.

Neue Welt, alte Mittel

Die Arten und Weisen wie große Unternehmen und Organisationen und ihre Mitarbeiterinnen und Mitarbeiter heute geführt und gesteuert werden, haben (meist) gute Gründe und tiefe Wurzeln. Sie haben aber auch ihre Zeit. Und die ist für manches einfach abgelaufen. Spätestens seit der Geist der Digitalisierung durch die Korridore weht, ist eigentlich klar, dass man einiges über Bord werfen und vieles neu denken muss. Vieles *kann* man auch erst jetzt neu denken, weil sich die Möglichkeiten dramatisch geändert haben.

Blicken wir aber zum Beispiel auf die Entwicklung der Produktivität in den letzten Jahrzehnten, also auf den Wert, den wir pro Arbeitsstunde schaffen, so scheint man nichts zu finden von diesen neuen Möglichkeiten. Statt zu wachsen, stagnieren die Zahlen. Heute liegt das jährliche Produktivitätswachstum in den großen Industrieländern deutlich unter einem Prozent. In den sechziger und siebziger Jahren des zwanzigsten Jahrhunderts lag es bei über drei Prozent. Was so unspektakulär klingt, hat drastische Konsequenzen: während in jenen Jahren jede Generation ihren Lebensstandard verdoppelt hat, braucht es dazu heute drei oder mehr Generationen, wenn es überhaupt gelingt. Nun ja, vielleicht können − oder müssen − wir ja einfach zufrieden sein mit dem Standard, den wir erreicht haben. Doch auch die prinzipielle Frage ist quälend: wo geht all der Innovation und der schönen neuen Digitalisierung die Luft aus? Warum ist ihr messbarer Effekt so viel geringer als ihr gefühlter?

Die erste These dieses Buches ist: Der Grund für dieses scheinbare Paradoxon liegt darin, dass wir immer noch versuchen, eine Welt voller neuer Möglichkeiten mit alten, eigentlich überholten Mustern und Methoden zu managen; und dass dies genau die Beschränkungen sind, die die unerträgliche Langsamkeit des Wachstums bestimmen. Wenn man versucht, das Neue mit den alten Paradigmen zu behandeln, dann ist es kein Wunder, dass Wachstum und Innovation in der Breite so wenig von der Stelle kommen und dass sich der Produktivitätsfortschritt eher zu verlangsamen als zu beschleunigen scheint. Es ist nicht der Mangel an Potenzial, es sind tradierte Verhaltensmuster, die die Entwicklung verzögern und verhindern.

Die zweite These dieses Buches ist, dass der entscheidende Paradigmenwechsel weg geht vom Streben nach Größe, Macht und Skalen hin zur *Organisation von Autonomie*.

Größe und Autonomie sind nicht auf den ersten Blick entgegengesetzte Pole und sie müssen es auch nicht zwangsweise sein. Aber das Paradigma der Größe, dem lange vor allem wegen der damit verbundenen Skaleneffekte gehuldigt wurde, kommt mit einer Reihe von Begleitern. Zuallererst: Planung, Steuerung und (hierarchische) Kontrolle. Planung, Steuerung und Kontrolle sind zentrale Ingredienzen industrieller Prozesse. Als solche haben sie ihren Siegeszug weit über die industrielle Produktion (oder auch den industrialisierten Service) ausgedehnt. Sie sind fundamentale Muster im Management geworden und geblieben. Sie bestimmen sogar die Art und Weise, wie über die „Ressource Mensch" gedacht und wie mit ihr umgegangen wird.

Kein Wunder, Planung, Steuerung und Kontrolle sind zentrale Erfolgsmuster unserer Entwicklung. Sie sind die Mechanismen, durch die sich der Ackerbauer abgehoben hat vom Jäger und Sammler, sie sind es, mit denen sich Staaten erhoben haben über nomadische Stämme. Und natürlich sind Planung, Steuerung und Kontrolle entscheidende Faktoren für die Entwicklung vom Kleinhandwerk zur globalen Großindustrie. So wäre es nicht nur blauäugig, sondern auch falsch, dieses Dreigestirn prinzipiell zu verunglimpfen. Trotzdem würde ich behaupten, dass es bereits in der ersten Phase des

Informationszeitalters die bedingungslose Konzentration auf diese tradierten Management-Paradigmen war, die echten Fortschritt behindert oder gar verhindert hat. Vielleicht könnte man sogar argumentieren, dass die leuchtendsten Erfolgsbeispiele dieser Phase — Unternehmen, die wir heute ehrfürchtig bewundern — deshalb erfolgreich wurden, weil sie diese alten Muster durchbrochen haben. Im Großen und Ganzen aber wurden auch im frühen Informationszeitalter die alten Paradigmen zwar etwas verfeinert und poliert, man lebte aber gerne und gut mit ihnen weiter.

Dann sind zwei Dinge geschehen. Zuerst ist die Welt volatil, unsicher, komplex und vieldeutig geworden. Globalisierung war ein Treiber für diese Entwicklung, genau wie technologischer Fortschritt, immer wachsende Kundenerwartungen und nicht zuletzt das unaufhörliche Streben nach Größe selbst. Planung, Steuerung und Kontrolle aber sind die falschen Mittel, um mit Volatilität, Unsicherheit, Komplexität und Ambiguität umzugehen. General Stanley McChrystal beschreibt in seinem Buch „Team of Teams: New Rules of Engagement for a Complex World"[1] eindrucksvoll, wie eine Organisation, von der man es auf den ersten Blick am wenigsten vermuten würde, das Militär, das erkannt und seine Organisation deshalb radikal angepasst hat. Der Grund dafür war ebenso einfach wie brutal: die traditionelle Organisation und die Haltung, die ihr zugrunde liegt — die der Überlegenheit von Größe und Stärke — war hilflos geworden gegenüber den neuen Bedrohungen, vor denen sie stand.

Ohne solche existenziellen Bedrohungen — und welche Organisation fühlt sich schon ernsthaft bedroht, aller digitalen Disruptionsrhetorik zum Trotz — ist das Beharrungsvermögen groß. Die Gründe dafür sind tief verwurzelt, sind es doch die alten

---

[1] General Stanley McChrystal, David Silverman, Tantum Collins, Chris Fussell (2015): Team of Teams: New Rules of Engagement for a Complex World, Penguin

Verhaltensmuster, die die Großen von heute groß gemacht haben. So klammert man sich also daran. Unbewusst. Das gilt gleichermaßen für die Organisationen selbst wie für ihre Mitarbeiterinnen und Mitarbeiter, die sich aufgemacht haben, die Sprossen der Hierarchieleiter zu erklimmen. Und natürlich gilt es auch — oder ganz besonders — für diejenigen, die am oberen Ende dieser Leiter angekommen sind.

Man versucht, der neuen Welt mit alten Mitteln zu begegnen. Alles und jedes wird „gemanagt". Kunden, Produkte, Services, vor allem aber die „Schnittstellen", deren Zahl sich in der VUCA-Welt[2] exponentiell entwickelt. Wir kommen später auf die verheerenden Wucherungen der Matrixorganisation, aber eines ist klar: Schnittstellen schaffen keinen Wert. Damit wiederum gilt, dass die Produktivität sinkt, je mehr Schnittstellen wir glauben, managen zu müssen. Diese Schnittstellen sind es, in die Parkinsons Gesetz die überflüssige Arbeit füllt.[3] Das allein sollte schon fast reichen, um das Produktivitäts-Paradox zu erklären.

Dagegen stellt sich ein anderer Versuch, unserer komplex gewordenen Welt zu begegnen: Vereinfachung. Das ist zum Teil berechtigt. Über die Zeit häuft man viel Unnützes an und manches macht man komplex, einfach weil man es kann. Aber es gibt relativ enge Grenzen. Vieles *ist* komplex und selbst wenn manches an der Oberfläche einfach erscheint, so ist es knapp darunter kompliziert. Holzschnitte oder Schein-Vereinfachungen helfen da nicht, auch wenn

---

[2] VUCA ist ein Akronym für die englischen Begriffe volatility, deutsch ‚Volatilität', ‚Unbeständigkeit', uncertainty, deutsch ‚Unsicherheit', complexity, deutsch ‚Komplexität' und ambiguity, deutsch ‚Mehrdeutigkeit'
Es beschreibt die Rahmenbedingungen der Führung von Organisationen in einer Welt, die durch diese vier Parameter charakterisiert wird. (Quelle: Wikipedia)

[3] C. Northcote Parkinson formulierte bereits 1955 sein Gesetz des Bürokratiewachstums: *„Arbeit dehnt sich in genau dem Maß aus, wie Zeit für ihre Erledigung zur Verfügung steht."* (The Economist Nr. 5856 vom 19. November 1955)

man sie markig von den Podien herunter verkünden mag. Das gilt — ganz nebenbei — natürlich nicht nur für unsere Organisationen, sondern es ist ein generelles Phänomen unserer Zeit, in der die großen „Vereinfacher" täglich Boden zu gewinnen scheinen. Statt pauschaler Vereinfachung wäre ein gutes Verständnis von Komplexität notwendig. Die Lösung liegt selten in purer Simplifizierung, sondern in der Schaffung von Strukturen, die zur Selbstregulierung fähig sind. Das wiederum erfordert neben dem gründlichen Verständnis auch etwas anderes, was wir nicht zu haben glauben: Zeit.

Gerade schließlich werden wir von einer zweiten Welle erfasst, die das Größenparadigma und seine Begleiter endgültig das Zittern lehrt: der Stern des Skaleneffekts selbst beginnt zu verglühen. Digitalisierung, Robotik, künstliche Intelligenz, 3D-Druck, gepaart mit Ressourcen in der Cloud, die auf Bedarf verfügbar sind, stellen das Paradigma von der Überlegenheit der Größe selbst in Frage. Die klassische Fabrik sieht ihrem Ende entgegen, aber auch das klassische Call-Center, das bekannte Back-Office, sogar die Steuer- oder die Anwaltskanzlei in ihrer heutigen Form. Es mag vielleicht noch etwas dauern, aber die Entwicklung scheint unaufhaltsam. Wie aber will man eine — weiterhin komplexe — Welt, in der Skaleneffekte eine immer geringere Rolle spielen, erfolgreich organisieren entlang von Prinzipien, die ihren Grund alleine im Mantra von der Überlegenheit der Größe haben und auf zentralistische Planung, Steuerung und Kontrolle bauen?

Die Antwort ist: „Gar nicht". Wir brauchen ein neues Paradigma. Dieses neue Paradigma lautet: Autonomie. Nicht unbedingt individuelle Autonomie, sondern eine Organisation, die als Kollektiv autonomer Organisationsteile funktioniert:

- Organisationsteile, die sich nicht über (hierarchisch gemanagte) Prozesse definieren, sondern über ihren Output.

- Organisationsteile, die in sich so autonom wie möglich sind, aber über eine gemeinsame Architektur verbunden sind und ihre Beziehungen wiederum vor allem über den jeweiligen Output regeln.

- Organisationsteile, deren *internes* Leitprinzip zuerst direkter Austausch ist und nicht primär Regelbücher und Kontrolle.

- Organisationsteile, die in sich vielfältig sind und Menschen als solche würdigen.

Planung, Steuerung und Kontrolle werden im Paradigma der Autonomie ersetzt durch Mechanismen der Selbstregulierung.

Dass Veränderung Not tut, darüber sind sich fast alle einig. Aller Erkenntnis zum Trotz aber geschieht wenig und je größer und erfolgreicher die Organisation ist, desto größer wird die Aufgabe. Man könnte auch sagen: desto weniger echte Veränderung geschieht. Da kann ein wenig Provokation zu Anfang nicht schaden. Der nächste Schritt ist, diese Dinge auch wirklich anzupacken und wie immer ist die Umsetzung viel schwieriger als die Erkenntnis an sich. Um beides geht es in den nächsten Kapiteln.

Eine Warnung aber vorneweg: die Lektüre kann stellenweise irritierend sein, vor allem, wenn man im Management eines größeren Unternehmens arbeitet oder gerade dabei ist, die ersten Sprossen der entsprechenden Leiter zu erklimmen. Dieses Buch versucht, den Euphemismus zu vermeiden, einen offenen und ehrlichen Blick zu werfen auf das, was uns täglich in unseren Unternehmen begegnet. Dabei fällt dieser Blick auch manchmal in den Spiegel. Sicher ist, dass es nur der klare, ungetrübte Blick ist, der ein gründliches Verständnis ermöglicht. Mit diesem Verständnis ausgerüstet und mit einer Portion Mut wird der nächste Schritt nicht nur zur Herausforderung, sondern zum Vergnügen: die Gestaltung des eigenen Wegs, heraus aus Mittelmaß und Wahnsinn!

Exponential-Potenzial und Ergebnis-Depression

Von den Beschränkungen, die uns hindern das Potenzial auszuschöpfen

---

„Die Spielregeln des Lebens verlangen von uns nicht, dass wir um jeden Preis siegen, wohl aber, dass wir den Kampf niemals aufgeben."

Viktor Frankl

Eine gewaltige Lücke klafft in unseren Unternehmen und Organisationen, ein weiter Abgrund tut sich auf zwischen Anspruch und Wirklichkeit, eine tiefe Kluft liegt zwischen dem, was gedacht und gesagt wird und dem, was tatsächlich geschieht. Entgegen aller Rhetorik kommt der Fortschritt nur ganz langsam voran. Diese Tatsachen zu akzeptieren, fiel mir schwer. Nach fünfundzwanzig Jahren im Management ist schließlich der Euphemismus zur zweiten Natur geworden. „Es gibt keine Probleme, lediglich Herausforderungen". Und Herausforderungen sind dazu da, sie zu bewältigen. Alles ist am Ende eine Frage der Kraft und der Kompetenz, vor allem der *eigenen* Kraft und der *eigenen* Kompetenz.

Überhaupt, wen interessiert, was *nicht* funktioniert? Gesucht sind Ratgeber, verbindliche Gebrauchsanweisungen, einfache Lösungen: „Fünf Wege zum Erfolg", „Die drei ultimativen Geheimnisse der

Mitarbeitermotivation", „In sieben Schritten vom Moloch zum Start-up", „Künstliche Intelligenz für Dummies" … . Dazu kommt, dass die Lage besser ist als ihr Ruf. Die Wirtschaft blüht, die Beschäftigung wächst. Manches neue Unternehmen wird mit nie da gewesener Geschwindigkeit erfolgreich — oder zumindest wertvoll. Trotzdem leben die alten im Großen und Ganzen nicht schlecht weiter. Oder ist das nur eine Frage der Zeit?

In Kaffeeküchen und Pendlerzügen

Begibt man sich in die Kaffeeküchen oder in die Pendlerzüge, ist das Bild ein anderes. Da ist nur die Erschöpfung größer als die Klage darüber, was nicht funktioniert in unseren Unternehmen, über die wachsende Entfremdung zwischen Arbeit und Ergebnis und die immer größer werdende Kluft zwischen Reden und Tun, über Druck und psychische Last. Aber auch das war noch nie anders, oder? Jammern auf stetig steigendem Niveau, Rechtfertigungsversuche der Veränderungsunwilligen, der Gestrigen, der „Slow Mover". Kein Grund, nicht auf das Positive zu schauen, nicht den Blick nach vorn zu richten, nicht die Rezepte zu finden für den Erfolg.

Diese Interpretation aber überspielt das Grundproblem: *Das Potenzial, das wir haben, ist so viel größer als das, was wir daraus machen;* — individuell, vor allem aber auch als Organisationen.

Die Möglichkeiten wachsen schnell, exponentiell. Wir stehen an einer Schwelle, an der wir die kleinen wie die großen Probleme lösen könnten und gleichzeitig individuell Sinn finden. Aber alte Verhaltensmuster und überlieferte Beschränkungen machen daraus eine Wirklichkeit, in der wir kaum vom Fleck kommen. In den Kaffeeküchen und in den Pendlerzügen merkt man das, man hat es schon immer gemerkt. Kaum jemand möchte so viel Kraft und Lebenszeit investieren, nur um am Ende minimalen Fortschritt zu erfahren. Gräbt man noch tiefer, so werden die Widersprüche noch mehr. Waren Größe und zentral geführte Organisation bis vor Kurzem noch entscheidende Erfolgsfaktoren, so sind sie es, die heute zu fundamentalen Fehlfunktionen führen. Eigentlich taten sie das schon immer, denn sie machen träge und unflexibel aber „Economies of Scale" glichen diese Nachteile oft aus. Das ist es, was sich gerade dramatisch ändert. Oder schon geändert hat.

Durchschnitt bis zum Ende

Praktisch investieren große Organisationen seit Langem gewaltige Energie in Bemühungen, gegen solche Dysfunktionen anzukämpfen: Kundenorientierung die Dritte, Effizienzsteigerung die Zehnte, Digitalisierung, Globalisierung, Wellen der Reorganisation, Innovationsprogramme, Wachstumsinitiativen, Mitarbeitermotivation, Town-Hall-Meetings, All-Hands-Calls, Open-Plan Offices, Garagen und Labs, ... Der Erfolg dieser Mühen ist nicht gleich Null. Man bewegt sich ... irgendwie. Das Problem ist jedoch, abgesehen vom Schneckentempo, mit dem man vorankommt: die Bewegung ist bestenfalls eine absolute, keine relative. Man kommt nicht „vor die Welle", schlägt nicht den Wettbewerb, steht nicht an der Spitze des technologischen Fortschritts. Man paddelt eher mühsam hintennach. Mit genügend Kraft und Energie wird man nicht zurückfallen, aber relativ gesehen ist der Fortschritt sehr beschränkt; — gemessen am Aufwand sowieso. Noch öfter bewegt man sich im Kreis. Kein Wunder, dass das Ergebnis so häufig Erschöpfung ist.

Das ist das organisatorische Gesetz der großen Zahl: *Mit der Größe einer Organisation nimmt die Tendenz zum Mittelmaß unvermeidbar zu.*

Der Physiker in mir ist versucht, ein Modell für diesen Übergang von der — sagen wir — „agilen" in die „träge" Phase zu entwickeln. Zunächst gälte es, „Mittelmaß" oder umgekehrt „unternehmerische Leistung" genauer zu definieren. Das ist schwierig. Auf der Suche nach Exzellenz sollten es eigentlich die „harten" Indikatoren sein, die diese Definition liefern: Gewinn oder Verlust, Produktivität, vielleicht auch Börsenkurs oder Marktkapitalisierung, möglichst bereinigt um kurzfristige Volatilitäten und relativ zum jeweiligen Markt. Der Vorrat an ergänzenden Parametern ist schier unerschöpflich. Er reicht von Innovationskraft über Mitarbeiterzufriedenheit bis hin zur Umweltbilanz. Leicht endet man so wieder in der Beliebigkeit und leider ist das Bild selten komplett.

Das zeigt sich oft erst spät. Fannie Mae und Freddie Mac wurden von Tom Peters und Robert Waterman 1982 noch als Musterbeispiel für Exzellenz herausgestellt.[4] 2008 waren sie faktisch zahlungsunfähig. Die American International Group war mindestens ein Jahrzehnt lang der Versicherer, der von seiner ganzen Branche beneidet wurde. In der Finanzkrise stellte sich heraus, dass das überdurchschnittliche Ergebnis mit getragen wurde von hochriskanten Kreditversicherungen. Es folgte eine de facto Zwangsverstaatlichung.

---

[4] Tom Peters, Robert H. Waterman (1982): In Search of Excellence, Warner Books

General Electric war mit Jack Welsh nicht nur eine Industrie-Ikone, sondern in den 1990er Jahren auch der Leitstern für eine ganze Generation von Managern. Erst jetzt stellt sich heraus, dass genau in diesen Jahren die Geschäfte und Strukturen geschaffen wurden, die später für den Niedergang verantwortlich wurden. 2018 flog die GE-Aktie aus dem Dow Jones Index.

Auch die Parameter, die den Übergang bestimmen, sind vielfältig: Geschäftsmodell und Produktpalette, Alter und Struktur der Organisation. Oft kulminieren alle zusammen in einem Punkt: der *Kultur des Unternehmens*. Diese aber lässt sich kaum realistisch beurteilen — auch wenn sie, wie Peter Drucker sagt, die Strategie zum Frühstück verspeist. Die oben angeführten Beispiele belegen auch das.

Dazu kommt, dass es sich im Durchschnitt ganz gut leben lässt. — Zumindest eine ganze Zeitlang. Durchschnittlichkeit und Erfolg schließen einander nicht aus. Wenn man nur groß genug ist, kann es reichen, guter Durchschnitt zu sein und trotzdem vernünftige Gewinne einzufahren. Den Aktienkurs stützt man notfalls mit Rückkaufprogrammen. Doping statt Fortschritt. Gelegentlich verpasst auch einer der „Großen" die richtige Abzweigung. Kodak oder Nokia müssen immer als Beispiele herhalten: „Ueber your business or you get Kodaked", verkündet das Top-Management von der Bühne (während man sich gleichzeitig freut über jeden Rückschlag, den die Uebers erfahren). Aber im Großen und Ganzen sind Kodak und Nokia eher Ausnahmen als Indikatoren für einen systematischen Zusammenhang. Der Durchschnitt erweist sich als ziemlich hartnäckig.

Sparen wir uns also fürs erste die mathematische Analyse und verlassen uns auf den gesunden Menschenverstand: Größe befördert Durchschnitt! Wie auch anders? Es beginnt bei der Personaleinstellung. Per Definition sinkt die Zahl der Kandidatinnen und Kandidaten je weiter man sich vom Mittelwert entfernt. Umgekehrt heißt das: je mehr Personal man braucht, desto eher ist man versucht, Kompromisse zu machen. Solange die Organisation klein genug ist, wehrt sie sich meist erfolgreich dagegen. Oft ist dann noch der CEO die letzte Instanz im Bewerbungsverfahren. Fachlicher „Fit" wird genauso sorgfältig erforscht wie kulturelle Passform und im Zweifel wartet man auf den nächsten Kandidaten oder die nächste Kandidatin. Sobald die Einstellungs-Entscheidung aber delegiert und kaskadiert werden muss, sobald Personalziele ein Eigenleben annehmen, werden die Kriterien generischer, weniger konsistent. Und weicher. Weil schließlich überdurchschnittliche Bewerber auch ein überdurchschnittliches Umfeld suchen, und durchschnittliche sich im Durchschnitt wohler fühlen, verstärkt sich der Trend zur Durchschnittlichkeit selbst, sobald die Tür dafür einmal offen ist. Es endet bei den Prozessen und Ritualen. Jede Budgetierungsrunde, jede „Corporate Policy", jedes Komitee ist nichts anderes als ein weiterer Schritt in Richtung Durchschnittsbildung; — teilweise absichtlich, wenn zum Beispiel Standards festgelegt werden, teilweise implizit, weil die Beteiligung Vieler einfach Richtung Durchschnitt führt.

Wie gesagt, die genaue Analyse ist komplex, aber es gibt Grund zur Annahme, dass die Effekte bereits bei vergleichsweise kleinen Zahlen überwältigend werden. Die Grenze zwischen dem Potenzial zur Überdurchschnittlichkeit und dem „Gesetz der großen Zahl" dürfte irgendwo bei 150 Mitarbeiterinnen und Mitarbeitern verlaufen; — dort, wo auch anthropologisch die Grenze zwischen Stammesstrukturen und anonymen Organisationsformen verläuft.

Logisch betrachtet, gibt es genau zwei Wege aus dem Dilemma: entweder, man strebt nach echter Exzellenz oder man akzeptiert, dass guter Durchschnitt — gepaart vielleicht mit Größe — auch gut ist und versucht, daraus das Beste zu machen. In der Wirklichkeit finden wir aber etwas anderes: *Exzellenzrhetorik bei gelebter Durchschnittlichkeit;* — oder Durchschnittlichkeit, die sich mit allen Mitteln den Schein von Exzellenz zu geben versucht. Auf individueller Ebene ist der Ausweg aus diesem Paradoxon nach genügend vielen Hochgeschwindigkeits-Runden im Hamsterrad entweder der Burnout oder die (innere) Kündigung. Auf kollektiver Ebene ist der Schaden oft gar nicht so groß. Der Nutzen auch nicht. Man verharrt eben im Durchschnitt; — nicht zuletzt, weil ja alle anderen genauso agieren. Trotzdem bleibt das Dilemma, das sich auftut zwischen Rhetorik und Realität, zwischen Hyperaktivität und Wirkung, zwischen Anspruch und Wirklichkeit, zwischen individuellem Burnout und kollektiver Stagnation.

Der erste Weg aus diesem Dilemma wird unterschätzt. Löst man die (eigene) rhetorische Verkrampfung und gibt der Erkenntnis, dass guter Durchschnitt auch gut ist, etwas mehr Raum, führt das zu einer wesentlich „entspannteren" Art des Umgangs und zu einer viel stärkeren Zielgerichtetheit des Handelns; — zu einer Konzentration auf das Praktische und das Wesentliche. Warum eigentlich nicht? Die entsprechende Einstellung ist: „Wir können etwas richtig gut und jetzt fangen wir an, es perfekt zu machen!" Kein hektisches Herumreißen der Ruder. Kein manisches Kehren mit ständig wechselnden Besen. Stattdessen: konsequentes Vorwärtsstreben und jeden Tag ein wenig besser werden.

Der andere Weg ist, sich ernsthaft auf die Suche nach den Dysfunktionen zu begeben, die uns hindern, wirklich exzellent zu werden und anzufangen, sie loszuwerden, um das wahre Potenzial zu entfesseln. Nur scheinbar paradoxerweise und nur wenn man die Aufgabe wirklich ernst nimmt, könnte es sein, dass das Ergebnis in beiden Fällen gar nicht so unterschiedlich ist.

Aber lassen Sie mich gleich ein wenig auf die Euphorie-Bremse treten. Der Versuch, diese Beschränkungen zu beseitigen, stößt auf Widerstände, die ebenfalls fundamentaler Natur sind. Das Gesetz der großen Zahl zementiert die Tendenz zum Durchschnitt. Eine

Menge Energie ist notwendig, um etablierte Muster zu verändern. Gleichzeitig allerdings verhindert die *Psychologie*, dass wir diese Energie auch wirklich aufbringen. Müssten wir dazu doch mühsam antrainierte und bewährte Erfolgsmuster zurücklassen. Gemeint ist dabei nicht die einigermaßen anmaßende Unterteilung von Menschen in „Gute" – „Innovatoren" und „Early Adopters" – und weniger Gute – „Konservative" oder gar „Laggards" – gemeint sind tiefsitzende Prägungen, die in der Vergangenheit Erfolg definiert und Karrieren ermöglicht haben.

Das heißt nicht, dass es gänzlich unmöglich ist. Sicher ist aber: je größer (und älter) die Organisation, mit der man es zu tun hat, desto schwieriger wird es. Und die Zeit, die man braucht, wächst eher exponentiell mit der Dimension der Veränderungen. Im Umkehrschluss ist das der Grund, warum viele etablierte Unternehmen so neidisch auf die Startup-Szene blicken und ebenso verzweifelt wie bisweilen naiv versuchen, sie zu imitieren.

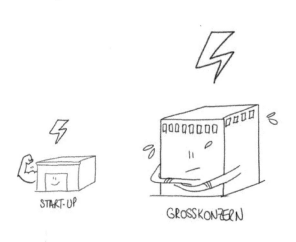

STАRT-UP

GROSSKONZERN

Meist frei von persönlichen und kulturellen Lasten und mit einer Größe, die Agilität zur natürlichen Arbeitsweise macht, bietet diese Szene tatsächlich das Umfeld, in dem anders gearbeitet wird (zumindest zu Anfang). Eine gelegentliche Woche des „Design Thinkings", bunte Designermöbel im Office Loft und der Vorstandsvorsitzende, der seine Krawatte beim Besuch seines „Labs" kurz ablegt oder mit dem Pullover ins Büro kommt, werden den Großkonzern nicht zu so einem Umfeld machen. Was wirklich Not tut, ist eine neue und systematische Organisation von Autonomie und Interaktion.

Lässt man sich erst einmal darauf ein, so ist es gar nicht schwer, zu erkennen, was falsch läuft. Der Abstand, den man an einem langen Wochenende gewinnen kann, sollte reichen. Schwieriger ist es schon, Ursachen und Wirkungen gründlich zu verstehen. Dann erst sollte es auch möglich werden, diese Herausforderungen anzugehen. Ein mutiges „Wir machen es jetzt einfach anders!" wäre ein Anfang. Manchmal ist es sogar noch einfacher: Reality Check. Verstehen, was funktionieren kann und was nicht und sich dann an Ersteres machen ohne weiter Zeit, Geld und Energie ins Aussichtslose zu investieren.

Aber dieser Weg wird kein leichter sein. Er erfordert vor allem anderen ein hohes Maß an Ehrlichkeit. Als erstes gilt es, den Euphemismus verbannen, die Dinge beim Namen zu nennen und des Kaisers Kleider zu sehen, wie sie tatsächlich sind. Der Weg birgt Risiken, er erfordert Konsistenz und Konsequenz und — wie wir bald sehen werden — „eine recht große Dosis Geduld ... , um den Erfolg seiner Mühen abzuwarten, auch wenn es manchmal recht trostlos aussieht". Ob man diesen Erfolg dann auch noch selbst ernten können wird oder ob das andere tun, steht auf einem anderen Blatt.

Den Versuch ist es allemal wert.

Exponential-Potenzial

Wir leben in einer Zeit des „Exponentialismus". Unsere Welt verändert sich mit exponentiell wachsender Geschwindigkeit. Eigentlich tut sie das schon länger, aber jetzt nähern wir uns möglicherweise der Phase, in der jede neue Stufe auf der exponentiellen Wachstumstreppe unser Begriffsvermögen zu überfordern droht. Das große Problem — so die These — ist, dass der einfache Homo Sapiens (aka „wir") nicht in der Lage wäre, etwas anderes zu erfassen als lineare Entwicklungen oder graduelle Veränderungen im unteren einstelligen Prozentbereich pro Jahr.

Vorzeigebeispiel ist das bekannte „Gesetz", das Gordon Moore 1965 formulierte. Nach „Moores Law" verdoppelt sich die Komplexität — oder die Leistungsfähigkeit — integrierter Schaltkreise bei gleichen Kosten alle ein bis zwei Jahre. Varianten dieses Zusammenhangs lassen sich weit zurück in die prä-digitale Ära extrapolieren. Und tatsächlich hat sich die Leistungsfähigkeit unserer Rechenmaschinen über mehr als hundert Jahre exponentiell entwickelt, angefangen bei der Hollerith-Maschine bis hin zu den modernsten Hochleistungscomputern.

Mehr oder weniger direkt — schließlich lässt sich heute fast jedes Problem auf die Verarbeitung von Daten zurückführen — folgt, dass sich alles und jedes mit exponentiell wachsender Geschwindigkeit verändert, dass sich die Potenziale alle ein, zwei Jahre praktisch verdoppeln: Genetik, Nanotechnologie, künstliche Intelligenz, Robotik, soziale Strukturen ... . — Einfach alles. Schließlich nähern wir uns möglicherweise mit großen Schritten der „Technologischen Singularität", der Zeitenwende, in der künstliche Superintelligenz die Menschheit in einen Zustand befördern wird, der für uns Heutige nicht begreifbar und damit auch nicht vorhersagbar ist.[5] Etwa um das Jahr 2045, so der grobe gemeinsame Nenner der Prognosen, soll es so weit sein. Allein ob das Mensch-Maschinen-Leben in dieser neuen Ära ein besseres oder ein eher dystopisches sein wird, ist auch unter prominenten Anhängern der Lehre höchst umstritten.

---

[5] Ray Kurzweil (2006): The Singularity Is Near: When Humans Transcend Biology, Penguin Books

Eine Form des Exponentialismus hat auch unsere Unternehmen ergriffen. Kein Managementmeeting, keine „Town Hall Veranstaltung" vergeht, in der nicht das Menetekel der disruptiven Kraft des technologischen Fortschritts an die Wand projiziert wird. Jeder, der etwas auf sich hält, verweist plakativ bescheiden auf die eigene Unfähigkeit wie auf die Unfähigkeit aller Auguren und Analysten, Phänomene wie Airbnb oder Ueber vorhergesagt zu haben. Jede Sekunde werden wir in sozialen Netzwerken mit Posts bombardiert, die den Niedergang tradierter Geschäftsmodelle verkünden. Nach Jahrhunderten der Obskurität ist die Profession des Sehers, des „Futurologen", gesellschaftsfähig geworden. Zu den alten Strategieberater-Profilen gesellen sich „Design Thinker" und „Agilisten"; — nicht minder hochbezahlt. In den Vorstandsetagen werden Aktionspläne entwickelt, um das eigene Geschäftsmodell in die neue — natürlich voll digitale — Ära zu katapultieren. „Garagen" oder „Labs" sprießen in luftigen Lofts. Die Krawatten werden in Schreibtisch-Schubladen geparkt. Berater und Autoren überschlagen sich, die Rezepte zu beschreiben, die eine „Digitale Transformation" bewirken.

Und es ist wahr: wir erleben einen Überfluss an Möglichkeiten und das disruptive Potential ist gewaltig. Nehmen wir den 3D-Druck als noch nicht völlig überstrapaziertes Beispiel. Problemlos kann man heute schon Sportschuhe „drucken". Die großen Sportartikelhersteller tun das längst. Was auf den ersten Blick nur als einfache Änderung des Produktionsprozesses erscheint, hat möglicherweise viel dramatischere Konsequenzen. Wenn es möglich ist, den Schuh um die Ecke oder gar im Shop zu drucken, spielen Billiglöhne und Offshoring keine Rolle mehr. Containerschiffe, die heute Schuhe — bevorzugt aus Asien — in die Welt transportieren, werden überflüssig, genau wie die Arbeit der Menschen, die heute für billigste Löhne jene Schuhe produzieren. Die wirtschaftlichen Verschiebungen und die gesellschaftlichen Konsequenzen könnten massiv werden.

Aber nicht nur Produktions- und Lieferketten stehen vor massiven Veränderungen. Wenn es keinen Unterschied macht, ob man einen oder 500.000 Schuhe produziert, dann gibt es auch keinen Grund mehr für „Massendesign". Im Extremfall wird jeder zum Designer seines eigenen Schuhs oder — wahrscheinlicher — es entstehen kleine Boutiquen, die ihre Designs in geringen Stückzahlen an den Kunden bringen. Die Entwicklung ist schon heute da. Fragen Sie einmal einen Teenager aus Ihrem Umfeld nach einem Supreme „Box-Logo" Hoodie oder nach der neuesten „Nike x Off-White Collabo". Nicht viel anders wird es der Service-Industrie gehen. Google Duplex kann heute schon Restaurant- oder Friseurtermine vereinbaren. Es ist nur eine Frage der Zeit, bis künstliche Intelligenzen die Backoffices und die Call-Centres übernehmen. Damit spielen Skaleneffekte kaum noch eine Rolle; im Gegenteil, sie werden zum Hindernis: *Agilität ist die neue Effizienz. Und Größe und Agilität passen nur mit Mühe zusammen.*

Die Veränderung ist also durchaus real und die Geschwindigkeit hoch.

Ergebnis-Depression

Blickt man auf den Output, stellt sich leicht ein Gefühl der Depression ein. Hype und Wirklichkeit scheinen nicht zusammenzupassen. Makroökonomisch betrachtet, entwickelt sich die Produktivität tatsächlich exponentiell, aber mit jährlichen Wachstumsraten, die unter einem Prozent liegen. Weit weg von Moores Law. Aktuelle Kurs-Gewinn Verhältnisse selbst von Technologie-Aktien reflektieren keine signifikant exponentiellen Wachstumserwartungen, genau wie „die Märkte" offenbar für die eher traditionellen Unternehmen keinen exponentiellen Niedergang vorhersehen. Und auch ganz individuell haben wir längst nicht mehr das Gefühl, dass sich die Möglichkeiten unserer Smartphones mit jeder neuen Generation vervielfachen. — Sieht man einmal von den Möglichkeiten ab, noch bessere Katzenvideos zu produzieren.

„Man kann das Computer-Zeitalter überall sehen, außer in den Produktivitätszahlen", schrieb der Nobelpreisträger Robert Solow 1987. Das Phänomen ist als „Solow-Paradox"[6] bekannt geworden.

Dass ein Anstieg der Produktivität in den USA in den späten 1990er und 2000er Jahren tatsächlich auf die Informationstechnologie zurückzuführen ist, ist kaum plausibel, zumal sich ein vergleichbarer Effekt in Westeuropa nicht beobachten ließ. Europa mag zwar vielleicht ein wenig langsamer sein in der Adaption von Technologie, dass diese aber einen Effekt in den USA haben sollte und so gar keinen auf dem alten Kontinent, ist alles andere als erklärbar. Und seit mehr als einem Jahrzehnt fällt das Produktivitätswachstum hier wie dort im Gleichschritt. Heute hat es sich in den entwickelten Volkswirtschaften bei Werten knapp über Null eingependelt. Vom Technologiewunder keine Spur. Das renommierte McKinsey Global Institute argumentiert, dass erst jetzt die Digitalisierung eine kritische Masse erreicht, die in naher Zukunft größere Produktivitätsfortschritte erwarten lässt.[7] Eine

---

[6] Solow, Robert: "We'd better watch out", New York Times Book Review, 12. Juli 1987, Seite 36

[7] McKinsey Global Institute: Solving the productivity puzzle: the role of demand and the promise of digitization. Februar 2018. www.mckinsey.com/mgi

Hoffnung, die aber vielleicht auch nur davon getrieben ist, dass die aktuellen Zahlen so niedrig sind, dass es irgendwann einfach wieder nach oben gehen muss. Liegt der Grund für dieses Paradoxon wirklich nur in der bisher eingeschränkten Reichweite der Digitalisierung oder hatte und hat das Phänomen andere, tiefer gehende Wurzeln?

Exponentielle Wachstumsprozesse sind die Regel, nicht etwa die Ausnahme. Viele natürliche Prozesse sind auf exponentielles Wachstum oder exponentiellen Zerfall ausgerichtet. Populationen wachsen exponentiell bis sie an Grenzen stoßen: Beschränkungen ihres Lebensraums und ihrer Nahrungsversorgung, „räuberische" Populationen. Wettbewerber. Das Ergebnis sind in der Regel Gleichgewichtszustände oder zyklische Schwankungen, nie aber ungebremstes exponentielles Wachsen.

Es sind die Beschränkungen, die die Wachstumsgeschwindigkeit bestimmen, nicht das Potenzial.

Blicken wir auf diese Beschränkungen, so gelangen wir vielleicht zum Kern des Exponentialismus. Bis vor wenigen Jahrzehnten war die Entwicklung des Homo Sapiens bestimmt durch die Begrenzung von mehr oder weniger materiellen Ressourcen: Land, Arbeitskraft, Rohstoffe etc. . Die Beschränktheit dieser Ressourcen führte zu typischen Räuber-Beute-Gleichgewichten. Gelegentliche Innovationen wie Kunstdünger, Dampfmaschine oder Elektrizität hoben diese Gleichgewichte zwar jeweils auf ein höheres Niveau, unterlagen aber dann sofort wieder ähnlichen Beschränkungen. Und damit waren die die Wachstumsraten wieder überschaubar.

Das ist — zumindest prinzipiell — nicht länger der Fall. Fortschritt wird zu einem immer geringeren Teil durch die Verfügbarkeit von materiellen Ressourcen bestimmt und das gilt schon lange nicht mehr nur für rein digitale oder digitalisierte Produkte oder Services. Heute schon sollte es eigentlich kaum ein Problem sein für eine Handvoll talentierter Ingenieure mit Zugang zu einem 3D-Drucker und einem Batteriehersteller, zum Beispiel ein Elektroauto zu bauen; – und wir stehen erst am Anfang dieser Entwicklung. Die entscheidenden Ressourcen sind nicht länger die klassischen Produktionsmittel, sondern tatsächlich Prozessorleistung und intellektuelle Kapazität. Um erstere kümmern sich Moores Gesetz und die Anbieter von Cloud Rechenzentren. Und so wird die intellektuelle Kapazität bzw. deren Organisation zum eigentlich limitierenden Faktor. – Zumindest bis uns die Singularität vielleicht auch dieses Problem abnimmt.

Fragen wir uns aber, wie wir diese intellektuelle Kapazität organisieren, so stellen wir fest, dass wir das vielfach nach den Mustern einer vor- oder früh-digitalen Welt tun. Was nützt das Mooresche Gesetz, wenn wir es unter organisatorischen Komplexitäten begraben? Was nützt exponentielles Potenzial, wenn wir vor allem Risiken minimieren? Was wird aus Autonomie, Agilität und Geschwindigkeit, wenn wir weiter vor allem dem Skaleneffekt huldigen? Und wie schließlich wollen wir attraktiv sein für jene intellektuellen Kapazitäten, wenn wir Menschen weiter zu „führen" versuchen, wie mittelmäßige Klon-Armeen?

Egal, ob man zu den Exponentialisten gehört oder nicht, eines steht fest: die Möglichkeiten sind sehr, sehr viel größer als das, was wir daraus machen. Statt also mühsam an der Schaffung immer neuer Möglichkeiten zu arbeiten, sollten wir uns darauf konzentrieren, die Engpässe – oder sind es eher „Relikte"? – zu beseitigen, die uns hindern, diese Möglichkeiten auszuschöpfen. Wir haben die Wahl.

Prinzip 1: Rechnen Sie mit dem Schlimmsten!

Ein Vorstand hat einmal zu mir gesagt: „Rechnen Sie mit dem Schlimmsten! Rechnen Sie damit, dass Ihre Pläne erfolgreich umgesetzt werden." Das war nicht etwa ironisch oder philosophisch gemeint. Im Gegenteil, es war ernst und praktisch.

Häufig fragen wir uns bei unseren mutigen Plänen und Veränderungsprojekten nämlich nicht ernsthaft, welcher Zustand sich eingestellt haben soll, wenn unser Vorhaben tatsächlich erfolgreich umgesetzt ist. Häufig gehen wir mit eher vagen Vorstellungen ins Rennen: „Es muss sich etwas ändern ..." oder „Wir müssen schneller, kundenorientierter, besser ... werden". Meistens füttern wir den Veränderungsdrang zwar mit Zahlen an, aber mit Ausnahme derer, die Kosteneinsparungen quantifizieren, spiegeln die oft eher Wünsche als realistische Erwartungswerte wider. Fast immer konzentrieren wir uns vor allem auf den Prozess: die Initialisierung des

Projekts, die Aktivitäten zur Transformation, die Fortschrittskontrolle, die Besetzung der Posten. Aber wie oft fragen wir uns wirklich: „Wie soll unsere Organisation aussehen, nachdem wir erfolgreich waren? Was ist anders? Was ist besser?"

Ohne ein gründliches Verständnis der Antworten auf diese Fragen bleibt jede Veränderung im Aktionismus stecken. Dass sich die Welt außen herum stetig und rasch ändert, ist keine Rechtfertigung für derartige Ungenauigkeiten. Gerade weil sie sich ändert, braucht man einen Kompass und gerade, weil sie sich ändert, muss man sich zu Anfang sorgfältig Gedanken machen über einen Zielzustand, der auch resilient gegenüber solchen Veränderungen ist. Und wenn man entsprechend sorgfältig nachdenkt, dann ist die Beschreibung dieses Zustands eine ganz andere als: „Wir machen (fast) dasselbe wie jetzt, nur zu 20% niedrigeren Kosten".

Ich würde sagen, der Zielzustand ist geprägt von Prinzipien der Autonomie und der Selbstregulierung. Ich würde aber auch sagen, nicht alles und jedes muss sich sofort und radikal verändern. Im Gegenteil, es gilt zu entscheiden, welche Teile wie verändert werden sollen; — oder ob überhaupt. Meist wird diese Frage gar nicht gestellt und selbst wenn, bleibt die Antwort oft vage, auch wenn die Kommunikation laut ist. Die Realität ist dann ein zähes Ringen zwischen „Tradition" und „Fortschritt". Und dieses Ringen hat einen ganz rationalen Kern, denn das traditionelle Geschäft trägt meist den Löwenanteil von Umsatz und Ertrag, während „das Neue" ein zartes Pflänzchen ist, das Raum und Pflege braucht, um zu wachsen ..., wenn es denn wächst. Im etablierten Geschäft geht es um Effizienz, kontinuierliche Verbesserung und vergleichsweise niedrige Wachstumsraten. An der Front der Innovation geht es um Aufbau, um Scheitern und Neubeginn und um aggressives Wachstum. Zudem ist es in den wenigsten Fällen so, dass das Neue das Alte im Nu verdrängt. Sehen wir einmal von Kodak ab. Trotz Airbnb gibt es immer noch sehr erfolgreiche Hotelketten, trotz Ueber finden wir noch

Taxis auf den Straßen und auch der Siegeszug der Elektromobilität scheint sich nicht so rapide zu vollziehen, dass die etablierten Hersteller nicht mehr auf den Zug aufspringen könnten.

Weder der „alten" – erfolgreichen – Welt noch der „neuen" – gerade erst wachsenden – Welt ist aber damit geholfen, alles über einen Kamm zu scheren. Das heißt nicht, dass das Alte nicht (kontinuierlich) erneuert werden müsste oder dass es nicht vom Neuen lernen könnte. Im Gegenteil. Aber die Ansprüche und die Methoden sind andere. Und manchmal, gar nicht selten ist das vermeintlich Neue nichts anderes als das Alte, das unter neuer Flagge segeln muss.

Am Anfang muss also eine Entscheidung stehen: „Welches sind die Teile, die – noch eine Weile – den Erfolg tragen und wo wollen wir zu ganz neuen Ufern aufbrechen?". Erstere erfordern stetige Anpassung aber meist mit Methoden, die die Organisation bereits gut beherrscht. Letztere brauchen vor allem Abschottung, auch und ganz besonders vor den alten, erfolgreichen Teilen; – und manchmal einen längeren Atem.

Natürlich sind das Binsenweisheiten. Trotzdem geschieht es erstaunlich selten. Was man häufig findet, sind unerfüllbare Ambitionen, Transformationsprogramme, deren Tiefe nicht über die Ebene von Slogans und Überschriften hinausgeht, Umstrukturierungen, deren einziges Ziel eigentlich Personalabbau ist oder faule Kompromisse. In Wirklichkeit ist die Sache meist noch viel komplexer. Es gibt ihn ja nicht, den epischen Kampf des einen Alten gegen das eine Neue, in dem der CEO die Rolle des Drachentöters spielt. Es gibt viele verschiedene Facetten von alt und neu, von „nachgewiesen erfolgreich" und „riskant aber mit Potenzial" und meistens sind diese Facetten miteinander verwoben. Umso notwendiger ist es, ein klares Verständnis von diesen Strukturen zu entwickeln. Idealerweise findet man dabei Grenzen. Grenzen, die den verschiedenen Teilen die

Autonomie geben, sich entsprechend ihrer Historie, ihrer Bedürfnisse und ihrer Fähigkeiten zu entwickeln.

Manchmal ist es nicht möglich, solche Grenzen zu finden oder zu ziehen. Dann gilt es trotzdem zu differenzieren hinsichtlich des Anspruchs und der Ansprache der einzelnen Teile, denn große Organisationen sind alles andere als homogen und wenn man sie transformieren will, dann muss man auch dieser Unterschiedlichkeit Rechnung tragen. Schließlich muss man mit dem Schlimmsten rechnen.

Unternehmer verzweifelt gesucht

Wie Größe Mittelmaß schafft

---

*„Alle glücklichen Familien gleichen einander. Jede un-
glückliche Familie ist auf ihre eigene Art unglücklich."*

Leo Tolstoi, Anna Karenina

W as ist das vorherrschende Gefühl in Ihrem Unternehmen? Mut, Freude, Stolz, Vorwärtsstreben? Oder ist es
eher ein Gefühl von „Zähigkeit", eine Art Erschöpfung,
Furcht, ein mehr der weniger intensiver kollektiver
Burnout oder einfach nur: Resignation? — Vielleicht fühlt es sich in
Ihrem unmittelbaren Mikrokosmos noch ganz gut an; — wenn er
nicht gerade von der nächsten Umwälzung betroffen ist. Aber was
ist, wenn Sie auf das größere Ganze schauen?

Angststörungen

Allen öffentlichen Bekundungen und allen internen Bemühungen zum Trotz sind sie in der Mehrheit, jene weniger glücklichen
Unternehmen. Jedes dieser weniger glücklichen Unternehmen ist

tatsächlich auf seine eigene Art weniger glücklich, gemeinsam aber scheint ihnen eine *Angst* zu sein, nein ein Strauß von Ängsten: Angst vor dem neuen Wettbewerber, Angst vor der nächsten Analystenkonferenz, ganz besonders Angst vor persönlicher Verletzung des senioren Personals. – Oder: Angst des senioren Personals vor persönlicher Verletzung.

Angst kann Kräfte freisetzen für Flucht oder Angriff. Im falschen Zusammenhang aber oder wenn kein Ende absehbar ist, wirkt sie lähmend.

Sie pflanzt sich fort, von oben herab über alle Sprossen der Hierarchie, sie durchsetzt das täglich Handeln: Angst vor dem nächsten Lenkungsausschuss, Angst vor dem nächsten Termin mit dem Chef, Angst vor dem Bedeutungsverlust, Angst um den Arbeitsplatz. Oft werden diese Ängste gar nicht bewusst geschürt, sie werden eher subtil aufgebaut. Der Mitarbeiter, der im Lenkungsausschuss abgekanzelt wird, die Mitarbeiterin deren Ergebnisse in letzter Sekunde autokratisch über den Haufen geworfen werden, der Arbeitsplatz, der ins Ausland verlagert wird.

Die Methoden, diesen Ängsten zu begegnen, sind vielfältig aber allesamt lähmend: Schutz und Absicherung, Präsentationen, die in ihrer vierzigsten Revision so weichgespült sind, dass sie zwar kaum noch angreifbar sind, aber auch kaum noch Inhalt haben; organisatorische Komplexitäten, Bürokratien und Koalitionen, die Erfolgen (egal wie klein sie ohnehin sein mögen) viele Eltern garantieren, aber die Verantwortung für Misserfolge so verteilen, dass sie am Ende gar nicht als solche anerkannt werden; immer neue Wiederholung alter und „bewährter" Initiativen; — alle Jahre wieder und meist initiiert, moderiert und „zertifiziert" durch renommierte Berater. Immer begleitet vom Mantra des Wandels und einem ständig steigenden „sense of urgency". — Diesmal gehe es schließlich ums Überleben!

Das Ergebnis ist im besten Falle nachhaltige Mediokrität, im schlechteren Fall langsamer Abstieg und gelegentlich ein mehr oder weniger spektakuläres Verglühen.

Auf der Suche nach dem Stein der Weisen

Eine verbreitete Annahme ist, dass alle glücklichen — oder sagen wir besser: „alle erfolgreichen" — Unternehmen einander irgendwie gleichen würden. Regelmäßig machen sich also Forscher und Autoren auf die Suche nach den elementaren Prinzipien, die unternehmerischen Erfolg — und vielleicht sogar etwas Zufriedenheit — garantieren. Angefangen mit Tom Peters' „In Search of Excellence" hin zu Jim Collins' „Good to Great" und weiter. Das Problem ist aber: betrachtet man die (langfristige) Entwicklung der jeweiligen Vorzeigeunternehmen, so schleichen sich deutliche Zweifel ein am Funktionieren der Methode. Vorhersagen sind schwierig, vor allem wenn sie die Zukunft betreffen.

Gibt es überhaupt patentierbare Rezepte für (zukünftigen) Erfolg? Die Antwort ist leider — wieder einmal — komplex. Da sind einerseits die „ewigen Wahrheiten", Prinzipien des Erfolgs, die Forschung und Literatur nur immer wieder in neue, zeitgemäße Kleider hüllen können. Wie wäre es zum Beispiel mit den „Zehn Gebote(n) für Vorwärtsstrebende", die Johann Baptist Winklhofer, der Gründer der Wanderer-Werke, formuliert hat?

1. *Grundbedingung ist gründliches Verständnis für den eigenen Beruf.*

2. *Der Ehrgeiz, jedes Ding besser zu machen als es irgendein anderer kann.*

3. *Festhalten am Prinzip, dass dem Kunden für sein Geld nur das Beste geliefert werden kann.*

4. *Eine nie ausgehende Freude an der Arbeit muss vorhanden sein.*

5. *Immer nur nach den neuesten Arbeitsmethoden und mit den allerbesten Einrichtungen im Betrieb arbeiten.*

6. *Der größte Teil des verdienten Geldes muss zur Beschaffung dieser betriebsfördernden Mittel verwandt werden.*

7. *Den rechten Mann an den rechten Platz stellen.*

8. *Einfach und solide leben, damit man früh mit klarem Kopfe an die Arbeit gehen kann.*

9. *Sich mit dem Gedanken vertraut machen, dass man nicht jedes Geschäft machen kann oder muss.*

10. *Schließlich gehört auch noch eine recht große Dosis Geduld dazu, um den Erfolg seiner Mühen abzuwarten, auch wenn es manchmal recht trostlos aussieht.*

Ich mag das Beispiel, weil es genauso alt wie profund ist. Winklhofer schrieb seine „Gebote" Anfang des zwanzigsten Jahrhunderts auf, lange bevor „Management" zu einer eigenen Profession wurde. Spätere Generationen von Theoretikern hätten Grund, stolz zu sein auf sein Kompendium der erfolgreichen Führung. Jeder einzelne seiner Sätze ist geeignet, die Essenz eines eigenen Zweiges der Managementtheorie zu bilden; — von dem, was uns motiviert, über das ewig wiederkehrende Mantra der Fokussierung auf den Kunden bis hin zur Achtsamkeit im Umgang mit unseren eigenen Kräften oder dem, was wir heute als „Grit" bezeichnen würden.

Andere, vor und nach Winklhofer, sind zu ähnlichen Prinzipien gekommen, auf Grundlage empirischer Untersuchungen, persönlicher Erfahrungen oder ganz einfach Intuition. Variationen ein und desselben Themas. Als Prinzipien sind sie zeitlos und robust gegenüber Veränderungen, auch wenn sie sicher regelmäßig einer zeitgemäßen Interpretation bedürfen wie der Satz vom rechten Mann am rechten Platz, den Winklhofer vermutlich sehr wörtlich gemeint hat, während er heute eher Prinzipien von „Diversität" symbolisieren wird. Schlagen wir aktuelle Ausgaben des Harvard Business Reviews auf, dann finden wir auf Basis neuester Forschung entwickelte Charakteristika und Prinzipien des modernen (innovativen, authentischen, dienenden, bescheidenen, globalen, agilen, …) „Leaders", die nichts als aufgefrischte Versionen von Winklhofers Liste darstellen.

Die Prinzipien an sich sollten also kaum überraschend sein für die moderne Generation von Managern. Sie sind älter als die Profession des Managements selbst. Und wem Prinzipien zu prinzipiell erscheinen, der findet auch ganz praktische Handlungsanweisungen in der Literatur. Trotzdem drehen wir uns eher im Kreis anstatt nach vorne zu kommen. Trotzdem finden wir dieses Gefühl der „Zähigkeit" anstelle mutigen Vorwärtsstrebens. Trotzdem dominieren die großen und die kleinen Ängste. Wo also ist das fehlende Glied? — Betrachten wir dafür ein paar von Winklhofers Geboten etwas genauer.

Grundbedingung ist gründliches Verständnis für den eigenen Beruf.

Eigentlich eine Selbstverständlichkeit, aber: Was genau ist der „eigene Beruf", wenn man — sagen wir — in der Marketingabteilung eines Energieerzeugers arbeitet? — Marketing, Stromnetze, allgemeines Management? Und was geschieht, wenn das „gründliche Verständnis" kontroverse Ergebnisse liefert?

Häufig verzichtet man deshalb gleich auf solch ein gründliches Verständnis oder versteckt sich hinter vermeintlichen Fakten, Statistiken, Studien oder — noch schlimmer — Gremien. Statt den Versuch zu unternehmen, das zu tun, was *richtig* wäre, zieht man sich zurück auf das, was *erwartet* wird; — von den Kollegen, vom Chef, von Investoren, … . So endet man dann zwar auf der sicheren Seite, aber genauso sicher auch im Mittelmaß.

Der Ehrgeiz, jedes Ding besser zu machen als es irgendein anderer kann.

Viel mehr vielleicht als von Innovation sind Google, Apple, Amazon und Co. von diesem Leitsatz besessen. Anderswo dagegen scheint „gut genug" auch gut genug zu sein. Das liegt zum einen daran, dass angesichts überbordender Anforderungen und fehlender Prioritäten „Hauptsache fertig" häufig schon als das Maximum des Erreichbaren erscheint.

Zum anderen fehlt meist der Maßstab für „besser". Ist es Innovation, Qualität, Design, Preis … ? Oder — direkter — Konvertierungsrate, Umsatz, Ergebnis? Anstelle mutiger Entscheidungen stehen am Ende oft faule Kompromisse. Ein bisschen von jedem. Akzeptable Qualität, vernünftiges Design, ein Preis, der nicht hoch und nicht niedrig ist.

Sich mit dem Gedanken vertraut machen, dass man nicht jedes Geschäft machen kann oder muss.

Das ist mein persönlicher Lieblingssatz aus Winklhofers Sammlung, geschieht doch so häufig das genaue Gegenteil. Kaum ist eine

Idee geboren, ein Projekt initiiert, ein Gewerk neu ausgeschrieben, entwickeln diese Initiativen ihr eigenes Leben. Die Möglichkeit, das „Geschäft" einfach nicht zu machen, verschwindet aus dem Raum der Optionen; — egal, was passiert.

Business Cases werden immer wieder angepasst und auf das Wunschergebnis hin getrimmt, Verträge auf Basis vager Annahmen geschlossen und Projekte, die erst einmal begonnen wurden, werden höchstens im Falle existenzieller Krisen terminiert. Das böse Erwachen wird auf später vertagt und meistens sind dann auch längst andere dafür verantwortlich. Meist ist die Entscheidung, etwas nicht (mehr) zu tun, viel schwerer als die, etwas zu tun. Schließlich hängt daran die persönliche Reputation, das eigene „Macher-Image", häufig auch die Karriere.

Schließlich gehört auch noch eine recht große Dosis Geduld dazu, um den Erfolg seiner Mühen abzuwarten, auch wenn es manchmal recht trostlos aussieht.

„Geduld" ist nicht gerade die Tugend, der in modernen Unternehmen gehuldigt wird. Der nächste Termin ist immer dringend, ja „überlebenswichtig". Er muss gehalten werden, auch wenn dafür Nächte, körperliche Reserven und private Interessen geopfert werden müssen. Das Problem ist nur: Geschwindigkeit ist ein Vektor.

AKTIONISMUS

FOKTSCHRITT

Sie hat einen Betrag und eine Richtung. Die ganze Dringlichkeit nützt nichts, wenn diese Richtung nicht klar ist oder noch schlimmer: wenn die Richtung bei jedem dieser ach-so-dringenden Termine gewechselt wird. Aus welchem Grund auch immer: weil die Rahmenbedingungen zu Anfang nicht ausreichend geklärt waren, weil neue Interessen bedeutsam werden, weil den eigentlich handelnden Personen entscheidende Informationen fehlen oder weil der verantwortliche Manager jenen Termin nutzt, um selbst erstmals ein gründlicheres Verständnis von dem zu entwickeln, was er da eigentlich beauftragt hat. So landen wir bei einer ungeduldigen Folge von Hyperaktivitäten, aber bestenfalls geringem Fortschritt, einer gewaltigen Verschwendung von Energie und − ja − Lebenskraft.

Endgültig schwer tun wir uns mit der Durststrecke; − der Zeit in der es manchmal „recht trostlos aussieht". Wie schließlich will man „Trostlosigkeit" verkaufen? Ungeduldig werden dann die schnellen Lösungen gesucht, Bauernopfer gemacht, Projektpläne auf Basis wackliger Annahmen angepasst, (nur vermeintlich) hilfreiche Kräfte hinzugezogen, das Controlling verschärft, neue Ausschüsse geschaffen, „Druck" gemacht. Die Wahrheit ist: am Ende stellt sich der Erfolg meist tatsächlich ein; − unabhängig von all diesen „Maßnahmen", ja *trotz* all dieser Maßnahmen. Der Aktionismus und die ritualisierte Ungeduld, die wir heute pflegen, machen uns aber langsamer, nicht schneller und sie stellen eine grandiose Verschwendung von Ressourcen dar.

Optimierer, nicht Unternehmer

Wir können die Reihe fortsetzen, das Muster ist aber klar: Winklhofer war *Unternehmer*. Mitarbeiter moderner Großunternehmen dagegen sind bis in die obersten Führungsetagen hinein *Angestellte* und als solche vor allem *Optimierer in komplexen Beziehungsgeflechten.*

Erfolg definiert sich hier nicht durch die einfache Maßzahl des Unternehmers, den nachhaltigen Ertrag (oder Reichtum durch IPO), sondern durch eine Vielzahl teilweise konkurrierender Größen, vor allem Budgets und Beziehungen. Darin liegt wieder des Pudels Kern: im Gesetz der großen Zahl. Je mehr Interessen es zu balancieren gilt, desto stärker tendiert das System zum Durchschnitt, zum Mittelmaß. Versucht man es vielen recht zu machen, bleibt nur der kleinste gemeinsame Nenner. Versucht man dagegen in so einem Kontext das Ungewöhnliche, wird einen das System bestrafen.

Je größer die Organisation, desto vielfältiger sind die Interessen und die Beziehungen, die es zu balancieren gilt, intern wie extern. Ergo: je größer das Unternehmen, desto stärker ist die Tendenz zum Mittelmaß. Die Wurzel dieses Zusammenhangs ist ausschließlich statistischer Natur. Deshalb ist er beinahe ein Naturgesetz.

Gibt es überhaupt Wege aus diesem Dilemma? — Vielleicht zwei. Der eine ist die starke Unternehmerpersönlichkeit, die Superheldin oder der Superheld. Theoretisch kann sie den Zug in Richtung Mittelmaß aufhalten, indem sie bewusst anderes Verhalten fördert, Risikobereitschaft und Non-Konformität belohnt, Mitschwimmer bestraft, blinden Aktionismus sanktioniert, eine Richtung vorgibt und sie hält. Die moderne Wirtschaftsheldenliteratur beschreibt solche Beispiele, meist Unternehmensgründer, heroische „Leader", mythische CEOs, die beinahe allein und von ganz oben die Kultur ihrer Unternehmen bestimmen. Steve Jobs, Elon Musk, Jeff Bezos und ein paar andere. Aber das Rezept ist kaum patentierbar.

Erstens sind die Anforderungen an jene Helden extrem. Sie müssen genau die Grenze zwischen Disruption und Destruktion finden, selbst visionär sein, aber gleichzeitig andere neben sich dulden; sich einmischen, aber anderen Autonomie geben. Sie brauchen Unabhängigkeit, aber auch Unterstützung. Und die Heldengeschichten werden immer erst ex post geschrieben. Was als rüde gelten kann, erscheint im Licht des Erfolgs als bestenfalls kantig und eher sogar disruptiv. Außerdem müssen viele dieser Mythen später umgeschrieben werden. Wer heute als CEO des Jahres auf dem Titel eines Management-Magazins prangt, ist nicht ganz selten in zwei Jahren geschmäht und geschasst. Zweitens — und das ist für gewachsene Unternehmen beinahe das größere Problem — ist nicht zu erwarten, dass große Organisationen selbst solche Helden hervorbringen. Kein Wunder, dass es fast ausnahmslos Gründer sind, die wir in dieser Kategorie finden. Um es in einem etablierten Unternehmen bis an die Spitze gebracht zu haben, muss man sich selbst etwa ein viertel Jahrhundert als Optimierer bewährt haben. Wie soll man da plötzlich zum Evangelisten des Außergewöhnlichen konvertieren? Selbst wenn man die Zeit in einer Art „Stealth-Modus" gelebt hat, dürfte einen das System so weit umschlungen und durchdrungen haben, dass das beinahe unmöglich wird. Auch der „Seiteneinsteiger" ist keine echte Alternative. Entweder, er oder sie ist in einem vergleichbaren Umfeld groß geworden und wäre sonst gar nicht als Kandidat für Spitzenposten in Frage gekommen. Dann ist aber auch kein anderes Ergebnis zu erwarten. Oder er oder sie kommt aus einem gänzlich anderen Umfeld, wird dann aber mit größter Wahrscheinlichkeit vom System assimiliert ... oder eliminiert.

Schließlich: Superheldentum ist nicht nachhaltig. Was kommt nach der ersten Heldengeneration? Da gehen selbst der Heldenliteratur die Beispiele aus ... und tatsächlich werden aus den einstigen Einhörnern fast immer ganz normale Pferde.

Der zweite Weg ist kaum leichter. Wenn es die Größe an sich ist, die naturgesetzhaft zum Problem führt, dann hilft nur Verkleinerung, Aufspaltung, Zellteilung. – Die Organisation von Autonomie. Wesentlich dabei ist, dass Autonomie mit messbarem Output verbunden ist und mit Verantwortung für diesen Output. Damit braucht Erfolg in autonomen Systemen fast zwangsweise Unternehmertum. Ein zweiter Faktor ist Größe. Ist das autonome System klein genug, so dass jedes seiner Mitglieder direkt mit jedem anderen interagieren kann, dann spielt Beziehungsmanagement nur noch eine untergeordnete Rolle. Damit verläuft die kritische Grenze für derartige Systeme da, wo auch die Grenze zwischen autonomen und Stammesstrukturen verläuft, also bei etwa hundertfünfzig Mitgliedern.

Noch größer als das konzeptionelle Problem aber dürfte das praktische sein: Wie kommen wir vom heutigen System zu diesem neuen Organisationsmodell? Wieso sollten Managerinnen und Manager dafür Macht und Einfluss abgeben, denn genau das müsste passieren? Wie definieren wir Macht, Einfluss und Karriere in so einem System, in dem die natürliche Grenze bei rund um die hundertfünfzig Mitarbeiterinnen und Mitarbeitern liegt? Wer hat ein Interesse daran, das Risiko einzugehen, das mit so einer fundamentalen Transformation verbunden wäre. Hier beißt sich die Katze in den Schwanz. Dafür bräuchte es einen echten – genau – Unternehmer.

Natürlich gibt es da noch die andere Sichtweise. Was ist verkehrt daran, als Unternehmen im buchstäblichen Sinn zu starten, dann ein erfülltes Leben als „Optimierer" zu führen, um schließlich den Stab an den nächsten „Creative Destructor" weiterzugeben? Die durchschnittliche Verweildauer eines Unternehmens im Standard & Poors Index beträgt weniger als zwanzig Jahre.

Das ist Ihnen zu langweilig? Oder die bisweilen ausgedehnte Zeit des Siechtums zum Ende der Optimierungsphase hin schreckt Sie?

Dann braucht es jetzt viel Kraft, Energie … und Mut.

Prinzip 2: Diversity — aber richtig!

Wenige Begriffe werden so strapaziert, wie der der „Diversity".
Und gleichzeitig sind wenige Begriffe so wenig verstanden, wie dieser. Fast überall reduzieren sich Aufmerksamkeit und Handeln in
Bezug auf „Unterschiedlichkeit" auf das Verhältnis der Geschlech-
ter. Gelegentlich berichtet man noch mit Stolz, aus wie vielen Natio-
nalitäten sich der Vorstand zusammensetzt.

Das ist — vor allem, wenn man der Historie Rechnung tragen will
— nicht verkehrt. Dennoch kratzt es nur an der Oberfläche. Echte
Diversity beschreibt eine Unterschiedlichkeit und Vielfalt von Denk-
und Handlungsweisen, nicht einzelne ausgewählte Stereotypen. Da
ist der introvertierte Analytiker, der extravertierte Verkäufer, der innovative Querdenker, der kritische Advokat, der charismatische
Stratege ... oder auch der charismatische Analytiker, der innovative
Verkäufer, der kritische Stratege .... Echte Diversity beschreibt nicht
eine numerische Verteilung unterschiedlicher Typen, sondern ein
Umfeld, in dem aus Unterschiedlichkeit Erfolg wird.

Das ist einerseits einfacher als man gemeinhin denken mag, denn
exzellente Angehörige eines Typus wissen andere Typen zu schätzen, vorausgesetzt sie haben dieselbe Augenhöhe und teilen dieselben Werte. Gleichzeitig ist es unglaublich schwierig in den bestehenden Strukturen. Diese Strukturen honorieren nämlich Konformität
oft höher als Exzellenz. Hinter verschlossenen Türen spricht man
dann schon mal von „High-Maintenance"-Mitarbeiterinnen und -
Mitarbeitern. Und welcher Manager will sich schon Zeit nehmen für
Intensivbetreuung? Aber Konformität und unternehmerisches Handeln passen schlecht zueinander. Genauso darf man nicht erwarten,
dass Konformität den Boden bereitet, auf dem Innovation gedeiht.

Vielleicht noch schwieriger als ein gründliches Verständnis dessen, was „Diversity" wirklich bedeutet, ist aber die tatsächliche Schaffung eines entsprechenden Umfelds. Wenn der Chef nur in seiner Filterblase leben mag und vor allem Bewunderer sucht, darf er nicht auf konstruktive Kritik hoffen, wenn es darauf ankäme. Wenn nach Stereotyp belohnt und befördert wird, nützt auch das Diversity-Plakat vor der Kantine wenig. Und selbst das ist nur die Spitze des Eisbergs. Unternehmer und Innovatoren brauchen Möglichkeiten, sich zu entfalten. Wenn jede Initiative abgebügelt wird, weil sie nicht zum Plan passt oder wenn die Beschaffung selbst kleinster Budgets viel länger dauert als der Neuigkeitswert einer Idee lebt, dann endet die anfängliche Diversität in Frustration und diese Frustration in Anpassung oder Kündigung.

Der Manager sollte also Sucher von Persönlichkeiten und Besteller eines Umfelds sein, in dem starke Persönlichkeiten gemeinsam Erfolg schaffen und individuell blühen können. Aber das ist tatsächlich „High Maintenance".

Matrix Overloaded

Wie wir Verantwortung so verteilen, dass sie verschwindet und was wir tun müssen, damit Agilität eine Chance hat

---

"The Matrix is the world that has been pulled over your eyes to blind you from the truth"

Morpheus, The Matrix

D ass die Matrixorganisation nichts anderes als ein Kompromiss ist, ist seit jeher unumstritten. Eigentlich sollte es deshalb fast müßig sein, noch über die Matrix zu schreiben. Die Wahrheit aber ist: heute hat sich der Kompromiss verselbständigt. Längst hat die Matrix die zweite Dimension verlassen. Zur Abbildung der unterschiedlichen Berichts- und Informationswege reichen durchgezogene und gestrichelte Linien nicht mehr. Farben kennzeichnen mittlerweile das Design von Interaktionen. Organigramme gleichen großstädtischen U-Bahn-Plänen. Parallele Projektorganisationen, Sonderaufgaben und in hektischer Eile aus dem Boden gestampfte Initiativen wuchern im Schatten der eigentlichen Strukturen.

Es lebe die Matrix

Der „Global Head of Digital Customer Interaction" ist unter anderem und gleichzeitig verantwortlich für den Vertrieb in Südeuropa sowie Mitglied des „I-Tribes", der Innovation funktions- und länderübergreifend voranbringen soll. In seiner Rolle als „Global Head" berichten an ihn natürlich die „Regional Heads", während er inhaltlich dem „Chief Digital Officer" und irgendwie auch dem „Chief Marketing Officer", beide natürlich „global", verantwortlich ist. In seiner Rolle als regionaler Vertriebsverantwortlicher berichtet er an den regionalen CEO, ist aber inhaltlich auch dem „Global Sales Officer" zugewandt, während die „Chief Sales Officers" der einzelnen zugeordneten Länder − zumindest funktional − an ihn berichten. Der I-Tribe schließlich organisiert sich selbst, berichtet aber monatlich an ein Steering Committee, dessen wesentliche Mitglieder der „Global Chief Innovation Officer", der Vorstandsvorsitzende selbst, der „Chief Digital Officer" und der „Chief Operating Officer" sind. Eine Gruppe von lokalen Vorständen verschiedenster Ressorts fungiert zusätzlich als „Sounding Board".

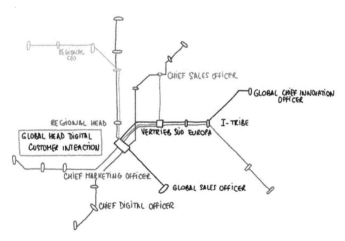

Das Beispiel ließe sich noch beliebig erweitern. — Und damit näher an die Realität heranführen. Vielleicht noch größer wird die Verwirrung auf den Ebenen weiter unten. Echte Klarheit scheint es allein beim CEO zu geben, der ziemlich unbestreitbar die Verantwortung für „das Ganze" trägt. Übersehen wir nicht die Vorteile einer solchen „Organisation". Neben eindrucksvollen Titeln für das Profil in den sozialen Netzwerken, führt sie zu einer komfortablen Auflösung von Verantwortung. Wie möchte man die konzeptionellen Fortschritte im Bereich der Digitalen Kundeninteraktion gegenüber dem Verkaufserfolg in Südeuropa gewichten? Und ist nicht der Beitrag zur länderübergreifenden Zusammenarbeit langfristig viel bedeutender? Überhaupt: Wer beurteilt am Ende Erfolg und die Beiträge zu diesem Erfolg? Misserfolge gibt es in diesen Konstrukten ohnehin nicht.

Als Korollar aus dieser Auflösung von Verantwortung im Ozean der Unternehmensstrukturen folgt unmittelbar, dass Form und Resultat aus dem Gleichgewicht kommen. Die „erfolgreiche" Lenkungsausschuss-Präsentation aus dem I-Tribe ist für die Karriere wahrscheinlich wichtiger als nachhaltiger Vertriebserfolg in der Region. Kein Wunder ist es dann auch, dass die Unternehmensberater, die jene Präsentation vorbereitet haben, stetig an Einfluss gewinnen.

Eine weitere Eigenschaft der Matrix ist, dass es in ihr es immer etwas zu tun gibt, bevorzugt: etwas zu besprechen. Meetings jagen sich in unmittelbarer Folge oder überschneiden sich gar. Die Anzahl der freien Plätze im Kalender ist umgekehrt proportional zur Bedeutung seines Inhabers. „Lunch is for losers". Je höher das

Gehaltsniveau, desto suspekter wird die „freie" Zeit. Dabei ist es gerade diese Zeit, in der Ergebnisse produziert werden, Gedanken entwickelt und weitergedacht, informelle Gespräche geführt oder wenigstens das nächste Meeting vorbereitet wird.

Die Advokaten der Matrix argumentieren, dass sie in unserer komplexen Welt in natürlicher Weise Austausch und Kommunikation zwischen verschiedenen Bereichen fördere. Eine absurde Betrachtungsweise. Richtig ist, dass *ohne* hohen Kommunikationsaufwand Matrixorganisationen niemals funktionsfähig sind, weil an jedem Knoten konkurrierende Interessen lauern; — diese Notwendigkeit der Kompensation einer Schwachstelle aber zur Stärke des Systems zu stilisieren, bedarf schon hoher dialektischer Fähigkeiten. In Wahrheit macht die Matrix jeden zur „Army of One". Je komplexer die Matrix, desto kleiner der gemeinsame Nenner. In der Regel reduziert sich die Schnittmenge auf die Dimension Eins: das Ego.

Das sind, wie gesagt, alles andere als neue Erkenntnisse. Dass die Matrix ihren Höhepunkt längst hinter sich hat, sollte spätestens klar sein, seitdem „Agile" sich aus den obskuren Zirkeln der Softwareentwicklung heraus entwickelt hat, in den Mainstream-Wortschatz der Managementliteratur. Genau das Beharrungsvermögen der Matrix ist aber der Hauptgrund dafür, dass sich agiles Arbeiten häufig so schwertut.

Ergebnislos

Nehmen wir unseren „I-Tribe". Der Auftrag des Managements an diesen „Tribe" war natürlich, ihn nach agilen Methoden zu managen. Alles andere wäre der Bezeichnung „Tribe" ja auch völlig unangemessen. Von Anfang an war dieser Auftrag aber zum Scheitern verurteilt. Das liegt zuallererst daran, dass dieser „Tribe" gar nichts produziert. „Gar nichts" stimmt natürlich nicht. Immerhin generiert der Tribe alle vier Wochen einen Statusbericht für sein Steering Committee und parallel ein stetig wachsendes Kompendium, wie Innovation funktions- und länderübergreifend zu fördern sei. Dieses „Produkt" wird aber — vom entsprechenden Komitee abgesehen — nie einem Anwender ausgesetzt.

Kaum weniger schwer wiegt, dass die Mitglieder des Tribes es aufgrund ihrer vielfältigen Verpflichtungen gerade schaffen, sich überhaupt einmal im Monat zu treffen, wobei die Hälfte in der Regel entweder gar nicht kommt oder bestenfalls per Telefonkonferenz an den Treffen teilnimmt. Der Zyniker argumentiert, dass es ohnehin egal ist, wer mitmacht, weil es auch egal ist, was herauskommt. Der Pragmatiker stellt die Telefonspinne auf leise und bearbeitet seine Mailbox, während er mit einem Ohr lauscht, ob sein Name fällt.

Die Matrix löst also nicht nur Verantwortung auf, sie löst de facto auch das Handeln selbst auf. Entweder — wir kommen später darauf — überlässt man dann dieses Handeln Beratern oder man lässt es einfach ganz ... und geht zum nächsten Meeting. Was im Sinne eines Ergebnisses jeweils besser ist — oder wäre — ist schwer zu beurteilen. Was Not tut, ist etwas anderes: eine Organisation dedizierter und autonomer Teams um Produkte herum. Das klingt etwas kompliziert, ist es aber eigentlich nicht. Es ist nur radikal anders.

Als Erstes erfordert es Klarheit darüber, was man als Ergebnis haben will, das Produkt (oder den Service), den *Output*. Dieser Output kann unterschiedlicher Natur sein. Am einfachsten zu begreifen sind Produkte, die man anfassen kann: eine Schere, ein Rasenmäher, ein Auto, ein Smartphone, Waschmittel, Essiggurken … . Aber auch eine Steuererklärung, der Geschäftsbericht, eine Werbekampagne, ein Trainingsprogramm, die Auslieferung von Pizza, … taugen bestens als Output; − genau wie natürlich die viel strapazierte App oder ein ähnlicher Anwendungsfall, der auf Software basiert. Wesentliche Eigenschaft von „Output" ist, dass man beschreiben kann, wann er funktionsfähig ist: eine Schere, die schneidet, ein Rasenmäher, der mäht, ein Auto das fährt … , eine Steuererklärung, die das Finanzamt entgegennimmt, eine Kampagne, die auf ihr Publikum trifft, ein Paket, das geliefert wird, eine saure Gurke, die verspeist werden kann … . Ein bloßer Statusbericht ist kein Produkt. Vielleicht ist er Mittel zum Zweck. Höchstwahrscheinlich ist er überflüssig.

Richtige Produkte haben einen Wert, noch besser: einen Preis, den jemand dafür bezahlt. Das geht deutlich über das viel strapazierte „Was nichts kostet, ist nichts wert" hinaus. Wenn niemand bereit ist, dafür zu bezahlen, dann ist es am Ende tatsächlich nichts wert und wenn es nichts wert ist, warum machen wir es dann? Gleichermaßen gilt auch: wenn niemand bereit ist, *genug* dafür zu bezahlen, dann ist es auch nicht genug wert und wir sollten es besser lassen.

Aus diesem Grund haben richtige Produkte auch eine hinreichende Lebensdauer. Nur äußerst selten kann etwas genügend Wert schaffen, das einmal kurz aufblitzt, um dann für immer zu verglühen. Richtige Produkte kann man messen, zählen oder wiegen.

Richtige Produkte haben — richtige — Kunden. Das ist es schließlich, um was es geht: das Produkt, für das uns Kunden bezahlen. Nun gibt es natürlich eine Menge von „Aktivitäten", die unseren Tag füllen, die aber herzlich wenig Wert stiften: Berichte, Meldungen, Konzepte, Studien … . Manches davon dient vor allem zur Beruhigung höherer Managementebenen, manches ist schlicht und einfach alt und mittlerweile überflüssig wie das, was wir über die Jahre in den Keller oder auf den Dachboden geschafft haben, aber nicht übers Herz bringen, es wegzuwerfen. Tatsächlich aber haben die wiederkehrenden Wellen von Effizienz- und Kostenprogrammen es geschafft, vieles davon zu entrümpeln und abzuschaffen. So scheint das Problem gar nicht in erster Linie zu sein, dass es eine Vielzahl von Aktivitäten gäbe, die gar keinen Wert haben.

Das Problem ist vielmehr, dass bei sehr vielen Aktivitäten und bei vielen Beteiligten unklar ist, *wie* sie endgültig zum Wert — oder besser: zum Produkt — beitragen. Die Situation ist vergleichbar einer Fußballmannschaft, bei der jeder Spieler zufrieden ist, wenn er fehlerfreie Querpässe zu seinen Nachbarn spielt, während er gleichzeitig hofft, dass „irgendwer" das Tor schießt. Das Problem ist nicht, dass der Querpass an sich wertlos wäre. Das Problem ist, dass der kollektive Zug zum Tor fehlt.

Nicht weniger radikal ist die Forderung nach dedizierten und autonomen Teams.

Auch so eine Binsenweisheit: nur dedizierte Teams können effektiv und effizient arbeiten. Die Wahrscheinlichkeit, fünf Personen zufällig gemeinsam für einen einzelnen Wochentag zusammenzubringen, ist 1:625, wenn jede einzelne zwanzig Prozent ihrer Zeit für die

gemeinsame Aufgabe reserviert hat. Natürlich kann man priorisieren — vorausgesetzt, die Aufgabe hat auch Priorität — aber die gemeinsame Zeit ist ohnehin nur die Spitze des Eisbergs. Bei zwanzig Prozent-Prioritäten gibt es in der Praxis nur zwei Möglichkeiten: entweder, ein Einzelner nimmt die Sache komplett an sich und zieht sie mehr oder weniger eigenständig durch (nicht ohne am Ende den Schein intensiver Teamarbeit zu wahren) oder: es passiert einfach gar nichts.

Wie sieht Ihre Realität aus? Klingen zwanzig Prozent nicht schon zu schön, um wahr zu sein? Sind wir nicht eher bei zehn parallelen Aufgaben? — Mit wöchentlich wechselnden Prioritäten?

Stellen wir uns wieder unsere Fußballmannschaft vor: Jeder Spieler hat seinen eigenen Trainer und seinen eigenen Stab, man versucht, gemeinsame Termine fürs Training abzustimmen, die zu den jeweils individuellen Aktivitäten wie Kraft- und Ausdauertraining, ärztlicher Behandlung, Werbe- und Sponsoring-Tätigkeiten, individueller Weiterbildung und privaten Interessen passen. Auch während der Spiele braucht jeder Spieler einzeln etwas Zeit, um sich neben der reinen Spieltätigkeit seinen Fans und den Medien zu präsentieren oder geeignete Pausen einzulegen. Es sollte uns nicht wundern, dass in dieser Konstellation eine gelungene Abfolge von Querpässen schon als herausragender Erfolg zu werten wäre. Tore sollte man eher nicht erwarten.

Und wie, schließlich, halten wir es mit der Autonomie?

Seien wir optimistisch. Das Produkt ist definiert, die Ressourcen gesichert … und jetzt erklärt ihnen jemand täglich, wie Sie es genau machen hätten sollen und warum Ihr Weg garantiert der falsche ist und dass der sich ins Rote neigende Fortschrittsstatus Ihres Auftrags das eindrucksvoll belege. Dasselbe geschieht für oder mit jedem einzelnen Mitglied des Teams. Entrepreneurship ade! Farewell Collaboration!

Um nochmals unser Fußballspiel heranzuziehen: irgendwann steht das Team auf dem Platz und muss die Entscheidungen treffen, kollektiv wie individuell. Wenn der Torwart sich für einen weiten Abschlag entscheidet, der Stürmer für ein Abspiel oder der Mittelfeldspieler für einen Distanzschuss, dann gibt es erst mal nichts zu klagen. Es ist gut, wie es ist. Vielleicht kann der Trainer noch kleine Korrekturen vornehmen oder in der Pause die Taktik umstellen. Gut. Er ist schließlich Teil des Teams. Aber der Sportdirektor hat erst mal nichts zu sagen, auch nicht der Präsident und erst recht nicht der Marketingverantwortliche, der Kassier oder der Schriftführer.

Die große Frage

Hier kommt also die eigentliche Denksportaufgabe: Was sind meine Produkte und wie organisiere ich größtmögliche Autonomie um diese Produkte herum?

Ein letztes Mal unsere Fußballmannschaft. Das „Produkt" ist der nächste Sieg oder besser: die Meisterschaft am Ende der Saison. Wahrhaft exzellente Clubs denken auch über diese eine Saison hinaus. Das ist das zentrale Organisationsprinzip. Liefern kann nur das Team. Das ist die Mannschaft im engeren Sinne, plus ein kleiner Stab unmittelbar Verantwortlicher, insbesondere der Trainerstab. Alles andere ordnet sich diesem Ziel und diesem Team unter, vom Mannschaftsarzt und den Physiotherapeuten über das Gebäudemanagement bis zum Platzwart. Auch das Scouting oder die Ausbildung des Nachwuchses haben nur ein Ziel, nämlich das Team erfolgreicher zu machen. Und obwohl Marketing und Merchandising extrem bedeutsame Einnahmequellen für große Vereine sind, achtet man streng darauf, dass derartige Aktivitäten für die Teammitglieder in einem Rahmen bleiben, der ihre Leistungsfähigkeit in der Vorbereitung und auf dem Platz nicht beeinträchtigt.

Wie sieht die Wirklichkeit in Ihrem Unternehmen aus? Was ist Ihr Äquivalent zur Meisterschale? Was ist das Team, das am Ende „auf dem Platz" das Ergebnis liefern soll? Sind alle anderen wesentlichen Aktivitäten darauf ausgerichtet, dieses Team zu unterstützen? Sind alle übrigen Aktivitäten darauf ausgerichtet, die Leistungsfähigkeit dieses Teams nicht zu beeinträchtigen?

„Ha", werden manche sagen, „das Beispiel ist zu einfach ... und immer diese Sportmetaphern". Die Wirklichkeit in großen Unternehmen ist tatsächlich komplizierter. Wir haben es mit mehr als nur einem Produkt, einer Marke zu tun. Folglich haben wir mehr als nur ein Team. Wir betreiben eine Vielzahl von Vertriebskanälen, operieren und produzieren in einer Vielzahl von Ländern. Hunderte, ja tausende Menschen müssen zu einem Produkt beitragen. Effizienz und Synergien bestimmen unser Geschäft mindestens genauso wie das Streben nach dem besten Tabellenplatz ... .

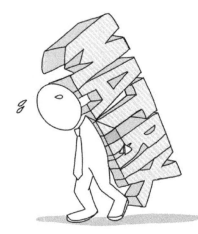

Lauter berechtigte Einwände und doch: sind das nicht auch Ablenkungsmanöver, Ausreden für die Tatsache, dass wir uns um die Auseinandersetzung herumdrücken, dass wir es uns zu einfach machen mit dem „gründlichen Verständnis"? Tatsächlich gibt es keine einfachen Lösungen, kein Standardrezept. Tatsächlich sind manchmal Kompromisse nötig und tatsächlich kann man nicht alle Aufgaben zu voller Autonomie organisieren. Aber wir haben uns an das andere Extrem gewöhnt. Als Rechtfertigung muss die ständig wachsende Volatilität und Komplexität unserer „Welt" herhalten. Eine Rechtfertigung, die einer genauen Inspektion nicht standhält: die Matrix ist träge und wenig resilient bei Fehlern – oder sich verändernden Rahmenbedingungen. Sie ist einfach nur der bequemste Weg zur Optimierung von Beziehungsgeflechten und hier zeigt sich vielleicht das größte Problem von allen: welches Interesse hat der erfahrene Budget- und Beziehungsoptimierer überhaupt an echter Agilität? Die ernüchternde Antwort auf diese Frage weist wahrscheinlich dahin, warum agile Transformationen so oft im Lippenbekenntnis stecken bleiben.

Ein Exkurs über Komplexität

Ist Ihr Smartphone einfach oder komplex? Ist Google (die Suchmaschine) einfach oder komplex? Ist Ihre Organisation einfach oder komplex? Und wie sieht es mit Ihrer Produktstruktur aus?

Es scheint unterschiedliche Lager zu geben, die diese Fragen unterschiedlich beantworten. Die einen sagen, ein Smartphone sei an Einfachheit kaum zu überbieten. Selbst ein Vorschulkind kann es bedienen. Nichts als ein paar Apps und ein paar Gesten. Ähnlich mit Google. Eine einzige Eingabezeile für die Suche im grenzenlosen Netz. Man kann es auch genau anders herum sehen. Jedes unserer Smartphones ist vollgepackt mit Technologie, die reichen würde, um ein Shuttle auf dem Mond zu landen: Prozessoren, Speicher, Sensoren aller Art, vom Gyroskop bis zum Magnetometer. Und Google? – Hinter der vermeintlich einfachen Suchzeile stecken nicht nur komplexe Algorithmen, sondern auch gewaltige Infrastrukturen, ganz zu schweigen von der Marketingmaschine, die für den Profit sorgt.

„Einfach managen" heißt die Devise heute, Komplexität reduzieren. Die Digitalisierung erzwinge Vereinfachung. Kunden wären nicht bereit, für Komplexität zu bezahlen. Wenn sie nicht mit höchstens drei Klicks ans Ziel kämen, würden sie sich sowieso verabschieden. Apple musste eine ganze Zeitlang herhalten als Muster für Erfolg durch radikale Vereinfachung der Produktpalette, genau betrachtet ist diese Palette aber gar nicht (mehr) einfach. Die meisten dieser Slogans haben den Zweck, eine gewisse Transformation zu befördern, denn in der Tat: mit Größe und Alter einer Organisation wächst auch das Risiko, unnötige Komplexität anzuhäufen; — gerade so, wie zuhause Schränke, Speicher und Keller immer voller werden, während man nur einen Bruchteil des Angehäuften tatsächlich (jemals) nutzt.

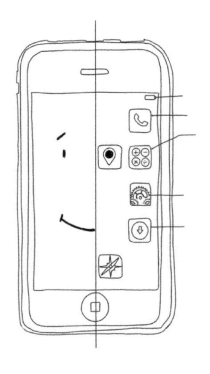

Was aber dennoch zumeist fehlt, ist ein gründliches Verständnis davon, was Komplexität wirklich ist. Eine vermeintliche Vielzahl von Produktvarianten muss nicht per se komplex sein, wenn damit nicht vielfältige Lager-, Liefer- oder Fertigungsprozesse verbunden sind. Wenn der Turnschuh aus dem Drucker kommt, dann ist das Design immer noch beschränkt durch einige Rohmaterialien und vielleicht etwas durch die Drucktechnik selbst. Losgröße Eins ist dann aber prinzipiell nicht komplexer als Losgröße 1.000 oder 500.000.

Noch einfacher ist es bei rein virtuellen Produkten. Ob Netflix fünftausend, zehntausend oder hunderttausend Filme anbietet ist — was die Komplexität betrifft — praktisch irrelevant; ob das Online-Computerspiel Fortnite fünf, zehn oder hundert unterschiedliche Skins in seinem Shop anbietet ebenfalls. Und wer würde argumentieren, dass eine Bank Dutzende unterschiedlicher Darlehen im Sortiment hätte, nur weil die Zinssätze jeweils unterschiedlich sind.

Gesucht sind also fundierte Antworten auf die Frage nach der schlechten Komplexität, der Komplexität also, die entweder teuer oder überflüssig oder beides ist. Es gibt nämlich auch die Komplexität, die notwendig ist; — manchmal sogar um etwas erst einfach machen zu können, wie z. B. den Beschleunigungssensor, der es ermöglicht, dass sich unser Smartphone aktiviert, sobald wir es in die Hand nehmen. Der Simplifizierer argumentiert: „wer braucht schon dieses Feature, man kann doch auch den Knopf drücken?". Der, der ein gründliches Verständnis entwickelt, passt den rechten Zeitpunkt ab, zu dem die Technologie reif ist und nutzt sie, um damit auch gleich in einer Fitness-App Push-Ups und Squats zu zählen.

Was schließlich fast völlig fehlt, ist ein gründliches Verständnis vom Zusammenspiel zwischen dem Einfachen und dem Komplexen. Darin besteht nämlich die wahre Kunst und auch die wahre Schönheit: das Komplexe aus dem Einfachen entstehen zu lassen. Wie bei der Mandelbrot-Menge und ihren Verwandten, bei denen aus einem ganz einfachen Algorithmus komplexe Gebilde entstehen. Das wahrscheinlich bessere Beispiel ist die Natur. Auf Grundlage weniger elementarer Prinzipien entwickeln sich äußerst komplexe Organismen. Oder soziale Strukturen. Ebenfalls auf Basis einiger grundsätzlicher Regeln entwickeln sich da ebenfalls ebenso komplexe wie vielfältige Strukturen, bis hin zu Staaten oder Sozialen Netzwerken.

Neben einer fundierteren Herangehensweise, was z. B. die Komplexität des Produktangebots angeht, würde ein gründliches Verständnis davon, wie einfache Prinzipien zu vitalen Strukturen führen, auch das Organisationsdesign oder das Management als Ganzes befruchten. Der Charme solcher Strukturen ist unter anderem ihre Resilienz und ihre Agilität. In evolutionären Systemen ist die Störung nichts Störendes oder gar Schädliches. Im Gegenteil, sie ist Voraussetzung und Ausgangspunkt für die Weiterentwicklung. Dies ist nur möglich, weil erstens die Störung, ja selbst der Fehler, nicht zum Kollaps des Gesamtsystems führt und weil zweitens positive Rückkopplungsmechanismen dafür sorgen, dass Verbesserungen verstärkt werden, während Verschlechterungen zurückgedrängt werden.

Erstaunlicherweise spielt das Streben nach einem Verständnis von Komplexität scheinbar eine noch geringere Rolle, wenn es um Organisation geht als wenn es um Produkte oder Produktion geht. Der Grund dafür ist wahrscheinlich, dass „Organisation" höchst immateriell ist und dass sich ihre Wirkung erst spät nach ihrer Gestaltung einstellt. Oder, dass man versucht, es jedem irgendwie recht zu machen. So endet man schließlich bei Organigrammen, die ein Glossar brauchen, um verstanden zu werden. Solche Organisationen sind weder organisch noch resilient und natürlich sind sie furchtbar langsam, wenn es darum geht, auf Veränderungen zu (re-)agieren.

Ein kleines Gedankenexperiment: Was ist besser? — Eine Organisation, in der zwei konkurrierende Teams jeweils autonom ein neues Produkt für zwei verschiedene Märkte entwickeln und getrennt voneinander auf den Markt bringen oder eine, in der die neuen Produkte mit einer überregionalen Architektur und einer zentralen Koordination entwickelt, abgestimmt und vermarktet werden.

TEAM A
MARKET A

TEAM B
MARKET B

ÜBERREGIONALES
TEAM

Die Antwort ist nicht trivial. Die erste Organisationsform ist zu hundert Prozent schneller, agiler und auf die Bedürfnisse ihres Marktes ausgerichtet. In der zweiten dagegen lassen sich natürlich besser Synergien finden und heben und vielleicht lässt sich auch besser skalieren, wenn es um den nächsten und übernächsten Markt geht. Dafür ist sie langsamer und weniger nah am Kunden. Was die Skalierung betrifft, kann man auch geteilter Meinung sein, denn mit steigender Zahl der Märkte oder Beteiligten steigt die Zahl der Abhängigkeiten (und Kompromisse) quadratisch an und die — notwendige — Zentralinstanz wird kaum in der Lage sein, noch eine hinreichende Kompetenztiefe zu erhalten. Sie wird zum Koordinator und zum Flaschenhals. Eine pauschale Antwort ist also nicht möglich. Sie hängt sehr empfindlich von den Parametern ab. Sind Synergien wichtiger als Agilität, sind Entwicklung und Produktion komplex und sind die Kundenerwartungen relativ homogen, so spricht vieles für die zweite Variante. Aber man zahlt einen Preis.

Der springende Punkt ist: diese Parameter ändern sich gerade. Entwicklung und Produktion sind im Begriff, kommoditisiert zu werden. IT-Infrastrukturen stehen in der Cloud nach Bedarf zur Verfügung, Roboter und 3D-Drucker übernehmen die Produktion, künstliche Intelligenzen das Backoffice. Das Paradigma von der zentralisierten Effizienzorganisation gerät unter Druck.

Zeit für eine Neubewertung.

Prinzip 3: Wider die Matrix!

Wenn es gelingt, die Auflösung von Verantwortung in der Matrix zu ersetzen durch weitgehend autonome Einheiten von weniger als 150 Personen, ist fast alles geschafft.

Autonomie sorgt dafür, dass Verantwortung für Erfolg oder Misserfolg entsteht. Langfristig sorgt sie damit auch für die unternehmerische Haltung, ja sogar die entsprechend notwendige Vielfalt. Mit der gerade noch überschaubaren Größe gehen schlanke — weitgehend kollektive — Entscheidungs-, Beurteilungs- und Feedbackprozesse einher.

Biologische Strukturen könnten als Muster für solch eine Organisationsform dienen: einzelne Zellen formen Organe, Skelett, Muskeln und andere Einheiten. Zusammen bilden diese schließlich einen Organismus. Fast alle wesentlichen Funktionen dieses Organismus funktionieren zunächst ohne zentrale Steuerung, rein auf Basis vegetativer Interaktionen. Gleichzeitig kann der gesamte Apparat auch zielgerichtet aktiviert werden, zum Beispiel für Flucht, Angriff oder im Sinne eines kreativen Schaffens.

Leider ist es nicht ganz einfach, eine Organisation in solche semiautonomen Einheiten zu strukturieren und die notwendige Interaktion dieser Einheiten zu organisieren. Trotzdem ist es das Gebot der

Stunde. Längst haben das z. B. militärische Organisationen erkannt, denen — völlig zu Unrecht — immer noch der Ruf anhaftet, Muster hierarchischer Organisationen zu sein. Wenn es um Leben und Tod geht, ist man gezwungen, sich nach modernsten Prinzipien zu organisieren.

Es scheint es kein universelles Schnittmuster für eine solche Organisation zu geben. Idealerweise bildet man sie um „Produkte" herum. Das ist vergleichsweise leicht, wenn man ein einzelnes Produkt hat, das vorzugsweise im digitalen Raum existiert. Mit ganz neuen Skalenökonomien, die es erlauben, für so ein Produkt quasi die komplette Wertschöpfungskette vom Design bis hin zum Vertrieb übersichtlich abzubilden, wird die agile Organisation fast zum Selbstgänger.

Mit anderen Produkten oder gar einer Vielzahl unterschiedlicher Produkte und Vertriebskanäle wird es schwieriger. Wenn man Quark und Joghurt produziert, ist es wenig sinnvoll, Marketing und Vertrieb nach Produkten zu trennen und beispielsweise unterschiedlich Vertreter in die Supermärkte zu schicken, um die Regalflächen getrennt zu verhandeln. Wenn man aber gleichzeitig noch Nudeln herstellt, sollte man so eine Trennung durchaus überlegen. Und wenn eine Nudelfabrik tatsächlich ganz anders aussieht als eine Molkerei, warum muss man dann zwanghaft die Produktion zentral gestalten? Die Vorteile der Autonomie werden die vermeintlichen Synergien mehr als wett machen.

Im Idealfall sind auch die unterstützenden Funktionen wie HR, Rechnungswesen oder Steuern Teile der Produktteams. Schließlich ist der Erfolg des Produkts auch ihr einziger Zweck. Mit Größe, Vielfalt und einer Vielzahl regulatorischer Anforderungen stößt diese Aufstellung aber an Grenzen. Trotzdem darf man sich nicht zu früh der Matrix beugen. Warum zum Beispiel sind die heute populären „HR Businesspartner" nicht tatsächlich auch Teil des „Business"?

Genauso könnte es auch sinnvoll sein, dort einen Steuerexperten zu verankern, wenn das Thema dauerhafte Relevanz hat. Und wenn alles nichts hilft, dann ist auch der Geschäftsbericht ein „Produkt", um das herum man Autonomie organisieren kann, statt die Kette von der Datenermittlung bis zum Druck immer weiter zu fragmentieren.

Das klingt stark nach einer Art Rückkehr zur vertikalen Integration, von der man sich zugunsten „funktionaler" Strukturen verabschiedet hat und wer macht schon gern die „Rolle rückwärts"? Tatsächlich ist es aber eine Rolle vorwärts. Mit der universellen Verfügbarkeit von Daten und den immensen Möglichkeiten der Automatisierung manueller und sogar intellektueller Tätigkeiten hat sich die Balance wischen Effizienz und Autonomie längst wieder in Richtung Autonomie verschoben.

Ein Beispiel ist die Softwareentwicklung selbst. In ihren Anfängen geschah sie beinahe komplett aus einer Hand. Die wenigen selfmade „Geeks", die die notwendige Kompetenz hatten, schrieben nicht nur die Programme in ihren Garagen, nicht selten entwickelten sie auch gleich die Betriebssysteme oder schraubten gar die notwendige Hardware dafür zusammen.

Dann kam die Phase der „Industrialisierung". Der Entwicklungsprozess wurde fragmentiert in verschiedene „Phasen" und Zuständigkeiten: Anforderungsanalyse, Anforderungsdesign, technische Spezifikation, Programmierung, Test, Roll-Out, Produktionsüberwachung, … . Im berühmten Wasserfallmodell wurden jeweils die Ergebnisse der einen Phase an die nächste Phase übergeben, nur um sich nicht selten am Ende wieder rückwärts den Wasserfall hocharbeiten zu müssen, weil die Ergebnisse unerwünscht oder fehlerhaft waren. Mit der Fragmentierung kam die Versuchung, durch „intelligentes" Sourcing Geld zu sparen. Die Programmierung wurde nach „Offshore" verlagert, das Testen auch; — aber nur im Glücksfall zum selben Partner. Das Ergebnis ist bekannt und die entsprechenden Projekte verfolgen noch heute beinahe jedes Großunternehmen als Albträume.

Das heutige Paradigma der Softwareentwicklung sieht völlig anders aus. Multifunktionale Teams aus Vertretern des „Business", Softwareentwicklern und ggf. anderen Funktionen entwickeln in kurzen Zyklen Teile von Applikationen, testen diese selbst (wobei diese Tests in der Regel automatisiert erfolgen) und bringen sie auch selbst in Produktion. Die vermeintlichen Effizienzgewinne aus Spezialisierung und „Labour-Arbitrage" verschwinden völlig gegenüber dem, was so ein Team in direkter Zusammenarbeit leisten kann. Die Tatsache, dass beinahe täglich kleine Bausteine produziert und ausgeliefert werden, steigert nicht nur den Nutzen gewaltig, sie ermöglicht auch eine viel leichtere Korrektur im Fehlerfall und eine dramatisch verbesserte Anpassungsfähigkeit hinsichtlich sich verändernder Prioritäten oder Anforderungen. Der Fairness halber muss man zugeben, dass es große Fortschritte in den Systemen und in den Werkzeugen der Softwareentwicklung waren, die das möglich gemacht haben, was wir als „Agile Methode" und „DevOps" bezeichnen. Umgekehrt wiederum haben jene Entwickler selbst diese Werkzeuge und Umgebungen geschaffen haben um über das alte und überholte Paradigma hinwegzukommen.

Diese Muster gälte es zu übertragen auf die gesamte Organisation. Wie gesagt, dafür gibt es kein Patentrezept und wahrscheinlich wird man die Matrix nicht ganz los. Aber möglichst große Autonomie muss das Ziel sein, die Matrix nur der letzte Kompromiss. Natürlich gilt es, Architektur und Interaktion zu gestalten und bisweilen auch zu organisieren, aber auch sie haben nur einen Zweck: das Produkt und dessen Verkauf.

Jäger des verlorenen Schatzes

Warum Innovation auf das Inkrementelle beschränkt bleibt und warum das gar nicht so schlecht ist

---

„Ich sage euch: man muss immer noch Chaos in sich haben, um einen tanzenden Stern gebären zu können."

Friedrich Nietzsche

Sicher betreibt auch Ihr Unternehmen eine „Garage" ... oder ein „Lab" ... oder eine „Factory". Das Setup ist immer ähnlich. Angesiedelt auf einem ehemaligen Industriegelände, bevorzugt in Stadtnähe, jedoch etwas abseits vom eigentlichen Unternehmensstandort, wird eine ehemalige Fabrikhalle umgebaut zur loft-artigen Arbeitsumgebung. Tür an Tür sind dort die Innovationslabors großer Unternehmen, ambitionierter Berater und natürlich aufstrebende Startups zu finden. Auf dem Dach grünt Rasen und der Factory Worker kann sich hier im Licht der untergehenden Sonne Inspiration für seine Nachtschicht holen. Die Einrichtung imitiert das Ambiente, über das wir aus den „Garagen-Tagen" von Facebook und Google lesen. Statt ausrangierter Türblätter, die auf Holzböcke aus dem Baumarkt gelegt werden, um als Tisch für Mensch und Maschine zu dienen, besteht die Büroausstattung jedoch aus mit Möbeln etablierter Hersteller, die ihren traditionellen Linien neue, bunte, nur äußerlich improvisiert wirkende hinzugefügt haben. Vielleicht findet man darunter auch eine Art „Vintage-Türblatt-Design-Schreibtisch".

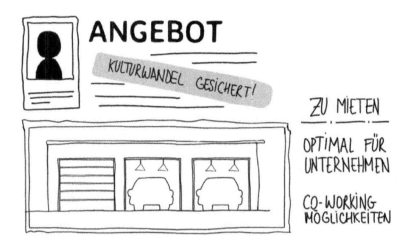

Ab in die Garage

Der „Open Floor" wird unterbrochen von Denkerzellen, Kuschel-Couches und Kreativ-Ecken mit beschreibbaren Wänden und Möbeln. Natürlich dürfen die sprichwörtliche Tischtennisplatte und der obligatorische Kicker nicht fehlen. Der Kaffee ist frei, die Türen (soweit es sie gibt) offen. Der Dress-Code bevorzugt Jeans und Turnschuhe, aber auch modische Extravaganzen sind nicht gänzlich verpönt. Kurze Hosen allerdings könnten von Fall zu Fall, d. h. von Unternehmen zu Unternehmen, jenseits des Akzeptierten liegen.

Bevölkert ist der Raum von Mitarbeiterinnen und Mitarbeitern aus der Unternehmenszentrale, Beratern verschiedenster Profession

— von Strategen über Marktforscher bis zu Designern — und einem gewissen Anteil von Mitarbeitern der Produktlinien, Marken, Standorte … , die einerseits das wahre „Business" im Lab repräsentieren sollen und andererseits die Mission haben, Methoden, Ergebnisse und „Spirit" aus dem Labor in die eigene, rauere Wirklichkeit zu transportieren. Regelmäßig werden Besucher durch die Hallen geführt, um den Geist der Innovation zu inhalieren, ein paar Methoden zu lernen, Design zu denken, sich in Scrums zusammenzutun und all das natürlich mitzunehmen an ihre eigenen, weit weniger attraktiv gestylten Arbeitsplätze.

Fragt man nach dem Ergebnis, werden die Antworten oft vage. „Seit wir die Leute aus der Produktion dabeihaben, ist es viel besser geworden, … äh, würde ich sagen". „Besser als was?", ist man versucht zurückzufragen angesichts der Summen, die solche Laboratorien verschlingen. „Wir tragen hier zum Kulturwandel bei", lautet eine andere beliebte Antwort. Tiefgründig, aber nicht messbar. Ähnlich vielleicht, wie ein Besuch im Technikmuseum zum Kulturwandel bei Grundschülern beiträgt?

Fast sehnt man sich zurück nach den Zeiten des „Betrieblichen Vorschlagswesens", als eine Verbesserung noch eine Verbesserung war und nicht nach einer Woche des „Design Thinkings" auf einen „Canvas" gepinselt werden musste oder in einem „Hackathon" eilig zuammengetöpselt. Verstehen Sie mich nicht falsch! Ich bin ein glühender Advokat agiler Methoden und Innovation ist ohne jeden Zweifel eines der Gebote der Stunde. Was aber nicht funktioniert, ist sie in isolierten Enklaven anzuwenden oder herauszukitzeln zu versuchen. Zu hoffen, so einen Kulturwandel im Großen zu initiieren, ist bestenfalls naiv. Häufiger spiegelt es den nur halb vorhandenen Willen zu solch einem Wandel wider. Will man das wirklich, so erfordert es eine tatsächlich „große Dosis Geduld" und eine Konsequenz in der Umsetzung, gegen die die Einrichtung einer loftigen Garage bestenfalls eine Fingerübung darstellt. Im Zweifel ist diese

Garage vor allen „Show" und der entsprechende Aufwand unter „Marketing und Kommunikation" zu buchen.

Noch schwerer ist es mit der Innovation selbst. Mehr denn je ist sie zum Heiligen Gral geworden. Kein Wunder in einer Zeit, in der eine Handvoll Zwanzigjähriger Geschäftsmodelle erfinden und umsetzen kann und dabei das Establishment zum Zittern bringt. Die Idee ist natürlich, selbst zum Innovator zu werden, am liebsten zum Disruptor der eigenen Industrie. Zu nichts Geringerem als zum Wohle der Menschheit! So jedenfalls die Botschaften, die von den Bühnen verkündet werden.

Dream on

Das Problem ist nur, dass dieser Versuch von Anfang an zum Scheitern verurteilt ist. Der erste Grund ist wieder einmal statistischer Natur. Innovation ist Versuch und Irrtum. Es mag Wege geben, die Erfolgsquote zu steigern, aber die Wahr-

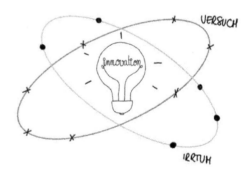

scheinlichkeit, die „Milliarden-Dollar-Idee" — und weniger ist kaum relevant — zu gebären ist extrem gering. Sagen wir großzügig, die Wahrscheinlichkeit, diese Milliarden-Dollar-Idee zu generieren läge bei 1:100.000. Wäre sie wirklich so hoch, würden wir eine Menge Facebooks, Airbnbs und Uebers sehen. Egal. Alles steht und fällt nun mit der Anzahl der Versuche. Wie viele Versuche kann sich ein etabliertes Unternehmen leisten? Nun, gemessen am Kapital eigentlich eine ganze Menge, aber das ist nicht die Frage. Die richtige Frage ist: Wie viele relevante aber scheiternde Versuche *will* sich ein Unternehmen leisten? Setzt man das Milliarden-Dollar-Kriterium an, werden nämlich fast alle Versuche scheitern, mit einem sehr kleinen „fast" und einem sehr großen „ALLE".

Meine Antwort wäre deshalb, dass sich ein renommiertes Unternehmen eine einstellige, vielleicht eine kleine zweistellige Zahl solcher Versuche pro Jahr leisten mag. Sagen wir trotzdem hundert, um die Rechnung zu vereinfachen. Rein statistisch und recht optimistisch betrachtet, wird damit einmal in tausend Jahren eine signifikante Innovation im Unternehmen geboren (jenseits derer auf deren Basis es ganz am Anfang gegründet wurde). — Wenn es so lange besteht und über diese dann doch „recht große Dosis Geduld" verfügt.

In Wahrheit sind die Chancen natürlich viel schlechter in der Matrix. Die statistische Betrachtung geht davon aus, dass der Typus des „Unternehmers" intern ähnlich ist wie der eines „Gründers", der — überzeugt von seiner Idee und mit dem Potenzial reich zu werden oder der Menschheit zu dienen — am Markt um die Finanzierung und Umsetzung seiner Visionen kämpft. Spätestens im zweiten Kapitel haben wir gelernt, dass das kaum der Fall sein dürfte. Auch die Aussicht auf Reichtum ist eher begrenzt. Vielleicht sind zwanzig Prozent Leistungsbonus drin; — gemessen am Festgehalt. Und selbst die nicht-monetäre Anerkennung für die Leistung wird nivelliert, wie wir später sehen werden.

Der Tempel des langsamen Siechtums

Endgültig den Garaus bereitet der innerbetrieblichen Innovation aber die Reaktion des Systems selbst. Gewöhnlich schreibt man die (Abwehr-)Reaktion auf disruptive Ideen oder Entwicklungen einer Art bewusstem Akt der Hierarchie oder der vorhandenen Silos zu und zieht daraus die Konsequenz, dass es gelte, Hierarchien und Silos zu zerstören … nur um mit dieser wohlgemeinten Absicht bei noch mehr Fragmentierung zu enden. In Wahrheit ist die Sache viel komplexer.

Salim Ismail hat den Begriff des „Corporate Immune Systems" geprägt.[8] Das trifft es perfekt. Zeigt sich der Virus des Neuen erst einmal im Körper, ist es nicht etwa das Gehirn, das den Auftrag gibt, ihn zu zerstören. Und es ist auch nicht der eine große Schlag, der dem Eindringling den Garaus macht. Vielmehr setzt sich eine Vielzahl aktiver und passiver Abwehrmaßnahmen in Gang, die die Infektion langsam und Schritt für Schritt niederringen. Häufig bildet das System dabei auch gleich Komponenten, die ein zukünftiges Eindringen desselben Erregers bereits im Keim ersticken.

---

[8] Salim Ismail, Michael S. Malone, Yuri Van Geest (2014): Exponential Organizations: Why new organizations are ten times better, faster, and cheaper than yours (and what to do about it), Diversion Publishing

Ganz ähnlich ist die Reaktion unseres unternehmensinternen Immunsystems. Es ist nicht etwa die Direktive eines hochrangigen Managers, die entscheidend ist. In den meisten Fällen sind diese Manager gar nicht bewusst änderungsfeindlich. Ganz sicher würden sie aber niemals in den Verdacht kommen wollen, es zu sein. Es ist tatsächlich das *System*, das reagiert: der Lenkungsausschuss hier, die jährliche Finanzplanung da, die Änderungsvorschläge aus der Praxis, die Notwendigkeit, einen fließenden Übergang vom Status Quo aus sicherzustellen, kurzfristige Kürzungen, um die nächste Gewinn- und Verlustrechnung besser aussehen zu lassen .... . Langsam, ganz langsam wird die Innovation verwässert und verzögert bis sie entweder marginal geworden ist oder ganz verschwindet. Und gleich unserem Immunsystem sorgt das lange Gedächtnis des Unternehmens dafür, das eine ähnliche Initiative in Zukunft kaum eine Chance haben wird.

Ein gutes Beispiel ist die i-Serie von BMW, die 2013 mit dem i3 auf den Markt kam. Vorausgegangen war ein beispielhaftes Innovationsprojekt: separierte Teams, separate Fertigung, ja sogar eigenständige Vertriebskonzepte. BMW sah bereits damals den Elektroantrieb als beinahe existenzielle Herausforderung an und handelte entsprechend. Konsequenter als die meisten anderen traditionellen Automobilhersteller, besonders die deutschen. Und heute? – In der (recht übersichtlichen) Statistik der neu zugelassenen Elektroautos seit 2017 rangiert der i3 an vierter Stelle, hinter Modellen von Renault, Volkswagen und Mercedes; – und ganz knapp vor Kia.

Das ist nicht gerade die Performance, die man sich von seinem strategischen Innovationsprojekt verspricht. Die Gründe sind natürlich vielfältig, besonders muss die Zeit reif sein, damit Innovation wirklich erfolgreich sein kann. Bei den Elektroautos kommen noch Fragen der Infrastruktur dazu. Und ganz sicher wird man sich bei BMW sagen, dass man viel gelernt hat und dass man jetzt und in Zukunft auf diese Erfahrungen bauen wird. Tatsache ist aber, dass man es nicht geschafft hat, aus den mehr als vielversprechenden Anfängen einen nachhaltigen Vorsprung vor dem Wettbewerb zu machen. Die anderen haben aufgeholt; — sicher auch mit viel Anstrengung, vielleicht mit etwas weniger Feuerwerk, aber aufgeholt.

Die genaue Geschichte kennen wir nicht, aber es ist sehr wahrscheinlich, dass die i-Serie nach dem ersten Erfolg explizit oder implizit „einsortiert" wurde in die reguläre Palette der Prozesse und Produkte, vermutlich sogar in der besten Absicht, inspirierend und befruchtend zu wirken auf diesen Kontext. Im Ergebnis landete die Serie damit aber nicht auf der Überholspur oder fing an, ihren eigenen Markt zu gestalten und zu schaffen, stattdessen reihte sie sich ein in den allgemeinen Strom, um da ihren Platz zu finden, wo sie heute ist: im vorderen Mittelfeld eines Marktes, dessen Volumen insgesamt noch klein ist; — in bester Nachbarschaft zu bekannten und neuen Wettbewerbern.

Wie gesagt: gemeinhin wird eine grundsätzliche Veränderungsunwilligkeit, ein Klammern an alten Rollen, Hierarchien und „Silos" für die beinahe unüberwindlichen Schwierigkeiten verantwortlich gemacht, der Innovation von disruptivem Charakter in etablierten Unternehmen begegnet. Das Problem aber ist viel komplexer.

In einer hinreichend großen Organisation scheitert (disruptive) Innovation obwohl jedes einzelne Mitglied der Organisation ein starkes und ehrliches Bekenntnis zur Veränderung hat.

Der Grund ist wieder statistischer Natur: selbst minimale Variationen um das Ziel (die Innovation, um die es geht) herum, wachsen exponentiell mit der Größe der Organisation und der Zeit, die es für Entscheidung und Umsetzung braucht. Das Ergebnis ist deterministisches Chaos: Unvorhersehbarkeit. Übersetzt: Richtungslosigkeit. Stillstand. Nicht-Veränderung.

Voraussetzung dafür, dass Innovation der disruptiven Art möglich ist, ist eine Art kollektiver Zustand, in dem nicht nur die

Bereitschaft zur Veränderung an sich gemeinsam ist, sondern auch die *Richtung,* das Ziel dieser Veränderung.

Wieder tun sich kleine Einheiten leichter. Konstante Interaktion ermöglicht die Herstellung dieses kollektiven Zustands. Doch sie ist keine hinreichende Voraussetzung. Es braucht mehr. Kurzfristige Erfolgserlebnisse zum Beispiel und — ja — möglicherweise auch jemanden, der die Richtung mutig hält.

Prinzip 4: Wider die Selbsttäuschung!

Wir neigen zur Selbsttäuschung. Niemand fühlt sich gerne durchschnittlich. Das gilt auch für Unternehmen. Erst recht, wenn sie groß sind. Schließlich lässt sie ja allein schon die Größe herausragen. Damit steigen die Ansprüche; — die eigenen und die der anderen.

Investoren oder das, was man so mystisch „die Märkte" nennt, suchen vor allem eines: Phantasie. Eine Quelle dieser Phantasie ist Innovation und so kämpft man einerseits, Analysten und Investoren von der eigenen Innovationskraft zu überzeugen und andererseits sucht man sie tatsächlich, diese Innovation. In kaum einem Bereich aber ist die Selbsttäuschung größer als in diesem. Als richtige Innovation scheint nur noch das wahrhaft Disruptive zu zählen, auf Führungskräfteveranstaltungen malt man regelmäßig Bilder des eigenen Unternehmens als das künftige Apple, Google oder Amazon seiner Industrie.

Einmal im Jahr veröffentlicht die Boston Consulting Group ihre Liste der fünfzig innovativsten Unternehmen. Das Ergebnis ist jedes

Jahr ähnlich. Die üblichen Verdächtigen halten sich an der Spitze der Liste, auch wenn man über ihre tatsächliche Innovationskraft munter philosophieren kann. Gefolgt werden sie von ein paar Unternehmen, die gerade in aller Munde sind, aktuell (2018) etwa Airbnb, Tesla, Ueber und Co. , darunter auch der gelegentliche Neuzugang. Ab Rang zwanzig etwa kommen dann die jeweils großen ihrer Branchen in jährlich wechselnder Reihenfolge: Mischkonzerne, Telekommunikationsunternehmen, Konsumgüterhersteller, Hotels, Chemie- und Pharmakonzerne, Versicherungen, Banken … .

Spätestens hier beschleicht den Leser der Studie ein seltsames Gefühl? – Sind das wirklich die Leuchttürme der Innovation? – Vom Standpunkt der Disruption betrachtet sicher nicht. Dass die Liste so aussieht, liegt an der Methode. Das Ranking entspringt zu 60 % aus einer Befragung von Managern in Großunternehmen und zu 40 % aus dem „Total Shareholder Return", den die Unternehmen über die letzten drei Jahre generiert haben.

„Richtige" Innovatoren sind mit dieser Methode nicht zu entdecken. Aber vielleicht zeigt die Studie ja mehr oder weniger unbewusst etwas anderes: Unternehmen, denen es gelingt, sich kontinuierlich anzupassen und zu erneuern – und das auch noch erfolgreich zu kommunizieren. Das nämlich ist die andere Art der Innovation: kontinuierliche Verbesserung unter Nutzung der „neuesten Arbeitsmethoden" und der „allerbesten Einrichtungen". Schade nur, dass diese Art der Innovation immer mehr unterzugehen scheint unter all dem Getöse um Labs und Disruption und die nächste Milliarden-Euro-Idee. Gut, dass sie trotzdem geschieht. Die Frage ist nur, ob es nicht ehrlicher und besser wäre, das auch so anzuerkennen und entsprechend zu handeln.

Beinahe ähnlich verhält es sich mit der „großen Innovation". Die Hoffnung, diese würde im Kontext des Großunternehmens „geschehen" oder könne gar in diesem Kontext „organisiert" werden, ist eine Illusion. Die Ausgangsbasis ist nicht da und spätestens das Immunsystem des Unternehmens sorgt dafür, dass sie verwässert im großen Ganzen aufgeht. Auch hier ist also ein ehrlicher Blick gefragt. Will man wirklich den Versuch starten, die große Innovation zu finden und zum Leben zu erwecken, so muss man das weit, weit weg von der bestehenden Organisation tun. Man muss auch der Versuchung widerstehen, diese Innovation bald wieder „einzugemeinden", auch wenn es dafür vermeintlich gute Gründe gibt, z. B. Synergien in der Logistik, die Bündelung von Einkaufsmacht, ... Vielleicht und erst sehr spät, wenn das Neue selbst groß und stabil ist, funktioniert eine Verschmelzung, aber die Chancen dafür sind ungewiss.

Meistens aber erscheint die Suche nach der großen Innovation gar nicht so ernst gemeint, wie das von der Bühne herab klingt. Bei den ersten oder zweiten Schwierigkeiten werden die Fahnen eingerollt, man gibt sich mit dem „Impuls" zufrieden, den die Initiative gebracht hat und integriert sie in das, was man schon gut kann. Wahrscheinlich ist das gar nicht verkehrt. Die Chancen, den großen Wurf zu landen stehen ohnehin sehr schlecht. Man muss das Risiko tatsächlich begrenzen und kontinuierliche Verbesserung ist im gegebenen Kontext ohnehin der bessere Weg.

Man sollte sich nur nicht selbst täuschen.

Die großen Gleichmacher

Wie wir uns das Denken von Beratern abnehmen lassen

---

*„When something is important enough, you do it even
if the odds are not in your favor."*

Elon Musk

I n der Matrix ist man zu beschäftigt, um selbst zu produzieren. Deshalb holt
man sich Verstärkung: Be-
rater. Vermeintlich nur vo-
rübergehend, um Spitzen abzu-
decken oder Kompetenzen zu
nutzen, die man selbst nicht hat.
Man gibt sich der Illusion hin,
man *steuere* diese Berater, ver-
wende sie wie *Werkzeuge* zum
eigenen Zweck. Die Wahrheit

sieht anders aus. Wer produziert — und seien es nur Präsentationen
— bestimmt das Handeln und wer das Handeln bestimmt, der bestimmt am Ende auch das Denken. Aber es kommt noch schlimmer.
Weil die Beraterinnen und Berater gut sind — und viele sind es —
überlässt man ihnen gleich das Denken selbst und wird damit abhängig vom Denken der Anderen. Folgerichtig wird die Beratung

zur Droge und der Folgeauftrag für den Berater Symptom der Sucht. Weil schließlich auch die Kräfte für die Umsetzung fehlen, werden die Mandate immer größer und die Sucht immer stärker.

Immer und überall

Aber auch damit nicht genug. Manchen Beratern ist es gelungen, ein Image aufzubauen, das sie zur finalen Zertifizierungsstelle für Design und Exekution macht; nach dem Motto: wenn das von „wählen-Sie-Ihren-bevorzugten-Berater" vorgeschlagen wurde, dann kann es nicht verkehrt sein. Fatalerweise stimmt das sogar irgendwie, denn Sie können davon ausgehen, dass Ihre Wettbewerber auch nichts anderes machen. Sie haben ja dieselben Berater. So können sie wenigstens nicht schlechter dastehen. Aber dazu etwas später mehr.

Tatsache ist: exzellente Berater sind Legislative, Judikative und Exekutive in einem. Wenn Sie jetzt die Frage stellen, was dann der Beitrag der Mitarbeiterin oder des Mitarbeiters in der Matrix ist, so fallen die Antworten vielfältig aus: Steuerung, Koordination, Input, Herstellen der Verbindung zur Praxis … . Allein die Wortwahl wirft die Frage nach dem Wertbeitrag auf und mit allem, was man als „Input" liefert, stärkt man am Ende nur wieder die Position des Beraters. Dennoch: wenn hier Schluss wäre, dann könnte man immer noch ganz gut damit leben. Betrachteten wir einfach den Berater nicht als etwas Besonders, sondern als Erweiterung der eigenen Werkbank und bis auf Verschwendung von Ressourcen und Geld wäre die Welt einigermaßen in Ordnung.

Money, Money, Money

Jetzt aber kommt der Twist im Plot: Beratung ist ein knallhartes Geschäft. Beraterinnen und Berater sind häufig hoch qualifiziert, intelligent, voll Wissen und bisweilen charmant. Die guten nehmen ihre Kunden wirklich ernst und versuchen sehr ernsthaft, Wert für sie zu schaffen. Dafür geben sie auch gerne viel, ganz besonders wenn es um Zeit und Einsatz der jüngeren Beraterinnen und Berater geht. Aber kaum eine Branche ist so umsatz- und renditegetrieben wie die Beratung. Will man mehr als die ersten Sprossen auf der Hierarchieleiter einer renommierten Beratung erklimmen, es vielleicht gar in den Olymp der Partner-Runde schaffen, dann geht es nur noch um Akquise, Akquise, Akquise.

Das Geschäft an sich ist höchst profitabel. Der durchschnittliche *Tagessatz* in einem Team von Strategieberatern liegt bei gut 3.000 Euro, je nach Beratung und Branche. Steuern und Reisekosten kommen noch dazu, versteht sich. Dieser Durchschnitt schließt den Juniorberater ein, der gerade frisch von der Uni rekrutiert wurde und mit 5.000 Euro Gehalt pro Monat bezahlt wird. Rechnen wir 220 Arbeitstage (Juniorberater sind nicht krank) mal 3.000 Euro, so kommen wir auf 660.000 Euro. Ziehen wir davon großzügig Kosten von 100.000 Euro ab, so bleibt immer noch gut eine halbe Million Euro pro Jahr und Kopf übrig.

„Halt!", ruft an dieser Stelle der erfahrene Berater. Die Rechnung sei falsch. Für die senioren Berater gelte sie nicht, erst recht nicht für die Partner. Außerdem habe man Kosten für Forschung und Wissensmanagement und schließlich sei die Auslastung in der Regel auch weit unter hundert Prozent. Stimmt. Aber nur teilweise. Forschung und Wissensmanagement geschehen beispielsweise zumeist auf Kundenprojekten und in der „Freizeit". Und ist ein — nomineller — Tagessatz für einen Partner von acht- bis zehntausend Euro wirklich vertretbar? Zumindest ist er offensichtlich verkaufbar. Die Margen sind jedenfalls beträchtlich und auf dieser Basis wird verkauft, was das Zeug hält. Akquisitionsdruck und Sinnhaftigkeit haben aber nur eine gewisse Schnittmenge. Deshalb werden sinnvollen Projekten weniger sinnvolle nachgeschoben. Strategieberater machen plötzlich Projektmanagement oder Controlling, mit noch mehr Jung-Beratern, aber bestenfalls marginal niedrigeren Tagessätzen. Ich habe schon Beispiele gesehen, in denen die persönliche Assistentin aus dem Büro des Partners mit angeboten wurde.

Projekte nicht zu machen oder gar vorzeitig zu beenden, weil sich die Erfolgsaussicht als zu gering erweist, kommt vor diesem Hintergrund natürlich nicht Frage. Und natürlich werden munter neue Themen durch die Dörfer getrieben oder alte, die nur neu verpackt sind. War es vor ein paar Jahren die Globalisierung, so ist nun die Digitalisierung das goldene Kalb, um das die ganze Branche zusammen mit ihren Kunden tanzt. Selbstverständlich werden in diesem Zuge jeweils die bekannten Effizienz- und Restrukturierungsprogramme aus dem Repertoire neu aufgelegt, denn wie wolle man sich Digitalisierung ohne hinreichende Effizienz auch vorstellen … ?

Und selbst das ist noch nicht der gesamte Eisberg. Unter der Oberfläche sind es oft die Berater und ihre Alumni, die das Getriebe schmieren, weil sie sich übergreifend vernetzen und Brücken bauen zwischen Einheiten, die ansonsten eher weniger gern zusammenzuarbeiten scheinen. Oder es sind die Berater, die den direkten Zugang zur Vorstandsetage haben und so Entscheidungen bisweilen effizienter vorbereiten können als dies die eigenen Mitarbeiter könnten.

Grundsätzlich kann man das alles aus zwei Blickwinkeln betrachten. Einerseits klingt es wie der Offenbarungseid des internen Unvermögens. Andererseits kann man argumentieren, dass die Beraterbranche einfach exzellent arbeitet. Das fängt an bei der Rekrutierung und der Ausbildung von Top-Talenten über Engagement und

Qualität auf Projekten, Vernetzung von Wissen und Kompetenz bis hin zur Akquise und zum Management von Alumni-Netzwerken. All das hat dann auch einen Wert und rechtfertigt einen Premium-Preis. Stimmt. Trotzdem bleibt die Tatsache, dass vielleicht drei Viertel dieser Exzellenz für Vorhaben vergeudet werden, wo es auch einfacher ginge und natürlich die Frage aller Fragen:

Warum baut man ein vergleichbares Maß an Exzellenz nicht im Unternehmen selbst auf?

Die großen Gleichmacher

Denn abgesehen von der Zeit- und Geldverschwendung gibt es noch ein anderes, fundamentales Problem: Berater sind die großen Gleichmacher unserer Generation.

Hat nicht auch Ihr Unternehmen gerade die Suche nach der Eroberung eines „Ökosystems" zur „Blue Ocean Strategie" der

Digitalisierung ausgerufen? Und wenn es kein „Ökosystem" sein soll, dann ist es vielleicht ein „Biotop" oder ein „Netzwerk". Und vermutlich haben auch Sie ein „Lab" oder eine „Garage" oder einen „Inkubator", wo diese Strategie bebrütet wird (siehe „Jäger des verlorenen Schatzes").

Glauben Sie mir: Sie sind nicht allein!

Vom Stromerzeuger über den Kühlschrankhersteller bis zur Versicherung versucht jeder, das Ökosystem „Heim, Haus, Wohnung" zu erobern. Vom Autohersteller über den Mobilfunkanbieter über den Radiosender bis zur Bahn versucht jeder, sich seinen prominenten Platz im Ökosystem „Mobilität" zu sichern. Von der Krankenkasse über den Arzt bis hin zum Hersteller von funktionalen Armbändern jagt jeder das Ökosystem „Gesundheit und Wohlbefinden". Und Amazon, Apple und Google sind schon längst und überall dick dabei.

Auf den Folien Ihres Lieblingsberaters ist aber vermutlich gerade Ihr Unternehmen herausragend positioniert, um im Ökosystem seiner Wahl eine bedeutsame Rolle zu spielen: der Stromerzeuger „besitzt" den Zugang zum Stromnetz, der Kühlschrankhersteller hat seinen festen Platz mitten in der Küche, die Versicherung hat ein Abonnement auf „Vertrauen". Dem Autohersteller gehört das Auto an sich, dem Mobilfunkanbieter das Kommunikationsnetz, der Radiosender begleitet den Autofahrer durch den Tag und weil es gar nicht mehr um „das Auto" geht, sondern um „Mobilität" im Allgemeinen, reklamiert auch die Bahn ihren Platz. Die Reihe ist beliebig fortsetzbar und – ach ja – Alexa, Siri, Google und tausende hungriger Startups mischen mehr als kräftig mit.

Der Ökosystem-Ozean ist also alles andere als blau und wenn es überhaupt noch um etwas geht in diesem Verteilungskampf, dann sind es Kraft und Geschwindigkeit in der Umsetzung, gepaart wahrscheinlich mit dem Mut, auf diesem Weg einiges an Scheitern zu ertragen.

Die unbeantwortete Frage ist: wer soll genau das tun?

Wieder stoßen wir auf eine Gesetzmäßigkeit: Die Natur der Unternehmensberatung liegt in der (stetigen) Weiterentwicklung des Durchschnitts, nicht im Außergewöhnlichen oder gar Disruptiven. Kurz (und nochmal wiederholt): Berater sind die großen Gleichmacher unserer Generation. Warum ist das eine Gesetzmäßigkeit?

Nun, stellen wir uns vor, eine Beraterin oder ein Berater hätte tatsächlich — natürlich in einem Kundenprojekt — die außergewöhnliche Idee mit disruptivem Potenzial entwickelt. Was soll er dann tun? Entweder — das ist heute gar nicht so ungewöhnlich — die entsprechenden Mitarbeiter gründen ihr eigenes Startup oder: der Berater schlachtet diese Idee auch beim nächsten Kunden aus. Alles andere wäre irrational. Erstens hat der Berater grundsätzlich kein Interesse an der Dominanz einzelner Kunden, weil er damit seinen eigenen Markt beschränken würde, zweitens ist es für den Berater höchst effizient (und damit profitabel), Ideen und Konzepte zusammenzupacken und von einem Kunden zum nächsten zu tragen und drittens: was könnte es für ein besseres Argument in der Akquise geben als eine — vermeintlich — neue Idee?

Vertraulichkeitserklärungen helfen bestenfalls, den Prozess marginal zu verzögern. Die Wege der Wissensdiffusion innerhalb der Beraterbranche sind vielfältig. So wird das ursprünglich Neue — sagen wir: die Idee vom Ökosystem — schnell zur „abgepackten" Lösung, die vielfältig kopiert wird. Nicht umsonst hat die Bezeichnung „packaged solution" ihren festen Platz im internen Beraterjargon. In der Realität beschreibt natürlich schon die Annahme, dass wirklich etwas Neues den Ausgangspunkt bildet, eher den unwahrscheinlichen Fall. Schließlich kauft man den Berater von Anfang an ein für seine Erfahrung, sein entwickeltes Gerüst an Methoden und seine

Kompetenz, auch jungen Beraterinnen und Beratern schnell eine strukturierte Arbeitsweise anzutrainieren. Wo aber soll das Neue herkommen, wenn man auf ausgetretenen Pfaden wandert, auch wenn diese Wanderung virtuos ist?

Wiederum kann man diese Gesetzmäßigkeiten von zwei Seiten betrachten: Immerhin entwickelt sich der Durchschnitt auf diese Weise weiter und immerhin sorgt der Einsatz von Beratern dafür, dass kaum ein Unternehmen, das es sich leisten kann, hinter diesen Durchschnitt zurückfällt. Die Kehrseite der Medaille ist, dass der Prozess dieser Angleichung doch recht kostspielig ist und eigentlich auch zu lange dauert. Dass das wirklich Neue auf diese Weise nicht in die Welt kommt, muss gar nicht so schlimm sein.

Man sollte sich nur nicht der Illusion hingeben.

Let it be (done)

Beobachten Sie einmal Ihr nächstes Meeting: wenn es darum geht, das Geredete in Geschriebenes umzusetzen, richten sich alle Augen meist auf den Berater im Raum. „Gut", mag man argumentieren, „das ist eine spezielle Kompetenz und die überlässt man am besten einem Experten". Einerseits fällt es aber schwer, dieses Argument wirklich anzuwenden in einem Raum voller Akademiker. Andererseits — und weit wichtiger — stellt sich die Frage, wo dieser Ansatz wirklich beginnt und wo er endet.

Ist es nur der Schritt vom Gesprochenen zum Geschriebenen (betrachten wir PowerPoint der Einfachheit halber als Geschriebenes). Oder ist es schon der vom Gedachten zum Gesprochenen? Oder der vom Geschriebenen zum Gestalteten? Oder der vom Gestalteten zum Getanen? Wie schließlich ist es mit dem Denken selbst?

Schauen wir uns in unseren Büros um, so steigt der Grad der Verunsicherung. Für beinahe alles und jedes sehen wir da Berater. Natürlich die hinlänglich besprochenen Strategen aber auch: Design-Thinker, Scrum Master, klassische Projektleiter, Projektmanagement-Offices, Qualitätssicherer, Kommunikationsberater, Kreativ-Artisten, Pricing- und Benchmarking-Experten, Cost-Cutter, Wirtschaftsprüfer, Steuerberater, Risiko-Modellierer, Personal-Evaluatoren, Coaches, Change-Manager ... und natürlich Scharen von IT-Spezialisten, vom Sicherheitsexperten bis zum Programmierer.

In den Pendlerzügen und in den Kaffeeküchen hört man, dass diese Entwicklung irgendwie ungesund ist. Gleichzeitig spürt man aber auch eine gewisse Unsicherheit darüber, wie es wäre, wenn man das alles selbst bewältigen müsste; — zeitlich genauso wie inhaltlich. Und wieder: vielleicht ist es gar nicht so verkehrt, das Denken und Handeln auf diese Weise zu auszulagern. Vielleicht ist es gar effizienter. Vielleicht ist ein Netzwerk von Experten wirklich besser als eine Großorganisation; — auch besser ausgebildet und besser motiviert.

Sollte das Ziel aber Autonomie sein, so könnte es kompliziert werden. Man muss gar nicht so weit gehen, zu sagen, dass sich Abhängigkeit (vom Berater) und Autonomie schon semantisch gegenseitig ausschließen. Auch ohne Abhängigkeit gibt es keine hinreichende Autonomie, wenn dauerhaft Parallelorganisationen mit eigenen Interessen Einfluss nehmen.

Was Not tut, ist eine bewusste und vorübergehende Auslagerung von Arbeit und Expertise. Sehr viel geschieht heute an dieser Stelle unbewusst, zufällig, getrieben vor allem durch die Verkaufs- und Vernetzungskompetenz der Berater, die sich die langen Nächte auch und vor allem damit um die Ohren schlagen, Cross- und Upselling-Potenziale zu suchen, „Power-Maps" ihrer Kunden zu entwickeln und herauszufinden, welchem „Rising Star" man heute hilft, um in

Zukunft einen neuen Sponsor zu haben. Zu wenig ist bestimmt durch konkrete Ziele und Pläne, durch bewussten Einsatz zur Abdeckung von Spitzen oder Nutzung von Kompetenzen, die man selbst nicht hat. Dabei geht es gar nicht um eine Optimierung im Einkauf durch Verringerung der Zahl der „Lieferanten". Ob das in diesem Kontext überhaupt positive Effekte bringt, ist mehr als offen. Es geht vielmehr um die (unternehmerische) Gestaltung, ob man etwas tut, was man tut (und was man lässt) und mit wem man es tut.

Fähigkeiten, die man dauerhaft braucht, muss man entweder selbst aufbauen oder von einem anderen autonomen System beziehen; — dann aber mit einer wohldefinierten Input-Output-Beziehung.

Prinzip 5: Sapere aude!

Beratung hat ihren Wert. Ganz offenbar wird das, wenn es darum geht, sich Anregungen aus anderen Industrien zu holen oder Benchmarks aus der eigenen Industrie. Bisweilen gibt es Themen, für die man im eigenen Unternehmen kaum ausreichend Expertise und Erfahrung aufbauen kann; — Unternehmenskäufe und -zusammenführungen zum Beispiel, aber auch spezielle technische Themen. Manchmal ist es auch mehr als gut und sinnvoll, sich eine Meinung von jemandem zu holen, der nicht Teil der eigenen Organisation ist und — man mag das bedauern, aber es ist wahr — häufig zieht es die besten Köpfe in die Beratung, vor allem, weil sie da eine steile und lange Lernkurve finden.

Inflationär genutzt aber ist Beratung zu teuer. Gleichzeitig verhindert sie Differenzierung, Eigenverantwortung und -initiative. Das Gebot lautet also, die Beratung auf einem Niveau zu halten (oder sie darauf zu reduzieren), auf dem sie Nutzen bringt ... und alles andere selbst zu machen. Spätestens wenn Berater quasi Teil — ein privilegierter Teil — der eigenen Organisation geworden sind, wenn kaum noch eine Entscheidung getroffen wird, ohne dass ein Berater sie vorbereitet hat und wenn Berater beginnen, eine Rolle bei der Personalentwicklung zu spielen, dann muss man über eine „Entziehungskur" nachdenken.

So ein Entzug ist aber nicht einfach. Häufig wird es schon am geeigneten Personal fehlen, denn — wie gesagt — viele der Besten zieht es gerade zu den Beratern. Noch schwieriger könnte es bei Entscheidungsprozessen werden und bei der Kultur im Unternehmen. Gar nicht so selten ist die Organisation daran gewöhnt, „über Bande", d. h. über den Berater zu spielen, wenn es darum geht, die Entscheider zu beeinflussen. Was aber, wenn die „Bande" nicht mehr da ist und direkte Kommunikation über die horizontalen und vertikalen Grenzen innerhalb der Organisation notwendig wird?

Wenn man die Übergangsphase aber erst einmal hinter sich hat, hat man ein gewaltiges Potenzial für Differenzierung und Initiative. Und die Chancen steigen, auch die Top-Talente zu gewinnen.

Weil sie Verantwortung bekommen und steile Lernkurven.

Clone Wars

Wie unser HR-Management ritualisiert in die Sackgasse führt

„Ich glaube nicht, dass das System funktioniert"

Anakin Skywalker

K aum etwas hat derart rituellen Charakter in unseren Großunternehmen wie das, was rund ums Personal geschieht.
Angefangen bei der jährlich wiederkehrenden „Mitarbei-
termeinungsumfrage" oder — neudeutsch — dem „An-
nual Engagement Survey" über die Zielvereinbarungsgespräche
(das „Target Setting"), die korrespondierenden Halbjahresgesprä-
che („Mid Term Reviews") und natürlich die Beurteilungsgespräche
(„End Year Reviews"); parallel dazu die Entwicklungsgespräche
und entsprechende Kommissionen, Entwicklungsprogramme und
Assessment Center und natürlich die Prozesse rund um Gehalt, Son-
derzahlungen, Beförderungen, Nachfolge und Auslandsentsendun-
gen ... . Alles eingebettet in ein strenges Gerüst von Quoten, Budgets, Systemen und natürlich Terminen. Der Manager von heute ist
gut beschäftigt.

Alle Jahre wieder

Nicht selten steht das Halbjahresgespräch an, ohne dass die Ziel-
vereinbarung schon abgeschlossen wäre, was wiederum zum Teil
daran liegt, dass auch das höhere Management die Gesamtziele zu
diesem Zeitpunkt auch noch nicht final verhandelt hat. Die geübte
Führungskraft hat gelernt, die Daten trotzdem irgendwie ins System
zu bekommen. Wenn nicht, erscheint man nämlich leicht auf der
schwarzen Liste derer, die das Personalmanagement nicht als nobelste Führungsaufgabe begriffen zu haben scheinen.

Wenn es um die Leistungsbeurteilung geht, dann wird dieser
Führungskraft eine Verteilung nahegelegt, die — schließlich folgt
die Natur ja immer irgendwie der Gleichverteilung — die Form

einer Gaußschen Normalverteilung hat. Das heißt, für jeden „Overperformer", der überdurchschnittlich beurteilt wird, muss es auch einen „Underperformer" geben, der auf dem Papier 80% oder weniger Leistung bringt. Auch hier hat die erfahrene Führungskraft ein gewisses Repertoire an Vorgehensweisen entwickelt, um die schlimmsten Auswirkungen dieses Systems abzumildern. Mitarbeiterinnen oder Mitarbeiter zum Beispiel, die aus welchem Grund auch immer nicht mehr im Unternehmen sind, werden in die unterste Kategorie einsortiert, um im überdurchschnittlichen Bereich mehr Potenzial zu schaffen. Prinzipiell aber bleibt das Problem: für jeden „Guten" muss es auch einen „Schlechten" geben.

Irgendwie, wenn auch nicht direkt und nur gelegentlich in konsistenter Weise, sind diese Beurteilungen auch an die korrespondierenden Gehaltsentscheidungen und Entwicklungsmaßnahmen gekoppelt, für die es wiederum eigene Quotenbeschränkungen und Budgetlimitationen gibt. Hier ist nun endgültig Kreativität gefragt: Wie bekomme ich es durchs System, dass der Mitarbeiter, der zwar nur eine durchschnittliche Beurteilung, aber seit Jahren keine Gehaltserhöhung mehr erhalten hat, mehr Geld bekommt, während die ‚Overperformerin', die ohnehin schon am oberen Ende liegt, diesmal leer ausgeht, was die Erhöhung betrifft. — Im Zweifel „kauft" die entsprechende nachgelagerte Kommission gerne das Argument mit „dem oberen Ende", lehnt aber die Erhöhung ab, weil „die Performance" des Mitarbeiters ja nur durchschnittlich war. Was man daraus für die nächste Beurteilungsrunde lernt, dürfte auch einleuchten.

Oder: Wie schaffe ich es, dass der junge Kollege, der seit drei Jahren alles gibt, nach zwei Jahren befördert wird, obwohl der Mindestzeitraum zwischen zwei Beförderungen eigentlich drei Jahre ist?

Asche zu Asche

Ein eigenes Kapitel ist die jährliche Mitarbeiterbefragung. In — je nach Unternehmen — fünfzig bis hundertfünfzig Fragen soll die aktuelle Stimmungslage ergründet werden. Von den globalen Fragen („Wie zufrieden sind Sie als Mitarbeiterin oder Mitarbeiter generell?") geht es weiter in die Tiefe. Abgefragt werden zum Beispiel Zufriedenheit mit dem Gehalt, Fairness der Leistungsbeurteilung, Qualität der Kommunikation und Strategievermittlung, Effizienz der Zusammenarbeit mit Kolleginnen, Kollegen und Führungskräften sowie der Prozesse im Unternehmen … . Dazugekommen sind über die Jahre Fragen zur Einhaltung gesellschaftlicher Werte, zur Diversität, zur Vereinbarkeit von Beruf und Privatleben etc. .

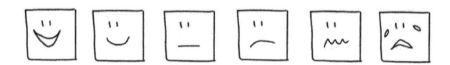

Wenn es ein Ritual in unseren Unternehmen gibt, dann ist es dieses. Nach der Freischaltung der Umfrage im (internen) Netz beginnt das Wettrennen um die Teilnahmequoten. Rennlisten werden veröffentlich, Appelle verschiedenster Führungsebenen zur Teilnahme überfluten die Mailboxen, gelegentlich hört man auch von kollektiven Ausfüll-Aktionen unter Aufsicht. — Alles, vermeintlich um ein möglichst breites und objektives und ehrliches Meinungsbild zu bekommen.

Es folgt eine kurze Phase der Auswertung und der ebenso verzweifelte wie meist vergebliche Versuch, eine konsistente Interpretation der Ergebnisse zu gewinnen. Dazu werden Antworten aus verschiedenen Bereichen kreativ zu Kenngrößen mit lustigen

Namen, wie einem „Engagement-Value", einem „Collaboration-Co-efficient", einem „Leadership-Quality-Level" oder einem „Work-Life-Balance-Index" verdichtet und die Veränderungen gegenüber den Vorjahren oder Abweichungen vom Unternehmensdurch-schnitt in Ampelfarben hervorgehoben. In entsprechenden Füh-rungskräftemeetings werden dann jene, bei denen die Ampelfarbe Rot zu häufig auftritt, angemahnt, für Verbesserung zu sorgen, wäh-rend man gemeinsam versucht, die Botschaft so zu drehen, dass kein negatives Licht auf den Bereich an sich fällt. Gründe dafür, warum die Ergebnisse nicht vollständig repräsentativ sind, gibt es ja immer: Umstrukturierungen, Personalwechsel, eine Veränderung der Stra-tegie … . Wie sich jeder dieser Gründe konkret auswirkt, bleibt un-klar (das ist Teil des Problems), *dass* er sich auswirkt, erscheint un-bestreitbar und so liegt die Interpretation im Auge des Betrachters. Natürlich gibt es auch ehrliches Bemühen, die Ergebnisse zu verste-hen, aber das ist — wie gesagt — häufig höchst kompliziert und hat mit Verdichtung und Ampelfarben herzlich wenig zu tun.

Schließlich die am meisten gefürchtete Phase: fast unabhängig von der statistischen Signifikanz und der inhaltlichen Relevanz müssen Aktionspläne zu den „roten" oder „gelben" Kategorien ent-wickelt werden. Diese werden zentral vorgehalten. Der Fortschritt der Aktionen wird kontinuierlich verfolgt und an das Top-Manage-ment berichtet. — Häufig eine Qual für Mitarbeiter wie Führungs-kräfte gleichermaßen.

Ich habe endgültig aufgehört an das Instrument zu glauben, als wir in einem Jahr herausragende Ergebnisse bei der Frage nach den Follow-Up-Aktionen zu drei spezifischen Kategorien hatten, gleich-zeitig aber eine Verschlechterung der Ergebnisse in eben diesen drei Kategorien.

Die Ergebnisse sind ohnehin immer und überall dieselben:

- verbesserungsfähige Kommunikation, besonders der Strategie;

- nur mittelmäßige Zufriedenheit mit der Beurteilung der eigenen Leistung und der entsprechenden Bezahlung;

- Optimierungsbedarf bei Zusammenarbeit, Prozessen und Systemen, vor allem, wenn sie über den eigenen Bereich hinaus gehen;

- der Wunsch nach mehr Innovation, der vermutlich meist gar nicht die Innovation im weiteren Sinne meint, sondern die Sehnsucht nach etwas mehr Flexibilität bei der Einbringung eigener Ideen beschreibt.

Ach ja, und: „Wir feiern unsere Erfolge zu wenig".

Je größer die Nähe, desto größer ist immer die Zufriedenheit und umgekehrt. Das eigene Team, die eigene Führungskraft, wird deutlich besser beurteilt als der Bereich, das Unternehmen, der Vorstand.

Eigentlich gibt es nur einen logischen Weg, mit diesem ergebnisfreien Ritual umzugehen: es abzuschaffen. Der Erkenntnisgewinn ist verschwindend, die Frustration auf allen Ebenen ist gewaltig und Zeit und Geld, die in diese Übungen investiert werden, könnten weit besser ausgegeben werden.

Dazu kommt, dass die einzige Annahme, auf der dieses Ritual gründet, wacklig ist: *zufriedene Mitarbeiter machen erfolgreiche Unternehmen.*

Ich bin überzeugt, dass diese Zufriedenheit ein hohes Gut ist, ein Wert an sich. Und natürlich gibt es auch gute Gründe, an die These zu glauben, dass zufriedene Mitarbeiter Erfolg produzieren. Sie sollten zum Beispiel mehr Sicherheit haben und damit auch unternehmerischer agieren können. Zufriedene Mitarbeiter sollten das Unternehmen weniger leicht verlassen und so die mit der Fluktuation verbundenen Kosten im Zaum halten … . Aber sicher ist das alles nicht. Zu viel Zufriedenheit könnte genauso zu Trägheit führen oder Symptom für zu geringen Anspruch sein. Ein Mangel an Alternativen ist genauso gut ein Grund für geringe Fluktuation wie Zufriedenheit. Zufriedenheit auf einem niedrigen Anspruchsniveau ist garantiert kein Faktor, der Erfolg fördert.

Schließlich gilt genauso gut die Umkehrung der Annahme: *Erfolgreiche Unternehmen machen zufriedene Mitarbeiter.* (Auch) diese Umkehrung ist sicher richtig. Wer arbeitet nicht lieber in einem Unternehmen, das geschätzt und bewundert ist, auch wenn die individuellen Bedingungen vielleicht verbesserungsfähig sind? Erfolg lässt manche Mühe leichter erscheinen. Das Problem ist nicht, dass es keinen Zusammenhang gäbe zwischen Mitarbeiterzufriedenheit (in den verschiedenen Dimensionen) und Erfolg. Das Problem ist, dass niemand ein gründliches Verständnis dafür hat, *wie* dieser Zusammenhang aussieht. Was wir bestenfalls haben, sind *Korrelationen*. Was wir nicht haben, sind *Kausalitäten*.

Genau betrachtet, kann es die auch kaum geben. Das eine Unternehmen mag erfolgreich sein mit weniger zufriedenen Mitarbeitern im Call Center oder im Verkauf, solange die Kosten nur gering genug sind. Das andere setzt vielleicht gerade auf Differenzierung durch eine positive „Ausstrahlung" in diesen Bereichen. Fluktuation kann katastrophal sein in einem Team von hochspezialisierten Softwareentwicklern, während sie anderswo leicht zu verdauen ist.

Dazu kommt, dass Zufriedenheit, wie wir aus der Psychologie wissen, immer nur *relativ* erfahren wird. Geht es mir besser oder schlechter als anderen? – Kollegen im selben Unternehmen, Mitarbeitern in derselben Branche, Mitarbeitern in anderen Branchen … . Was aber sagt es aus, wenn ich zufrieden bin, weil es für mich woanders schlechter wäre?

Schließlich haben wir es mit einem äußerst komplexen System zu tun, einem Regelkreis, dem weder die Durchschnittsbetrachtung noch der einfach gestrickte Ursache-Wirkungs-Ansatz gerecht wird, mit dem wir an ihn herangehen. Dass die Ergebnisse bisweilen tatsächlich — zumindest kurzfristig und bis zur nächsten Umstrukturierung — einen Trend zum Positiven aufweisen, liegt vielleicht auch daran, dass die Organisation (auf allen Ebenen) gelernt hat, dass sie sich auf diese Art Erleichterung schaffen kann von künstlichem Aktionismus.

Eigentlich kann es wie gesagt nur einen Schluss geben: schaffen wir das beinahe sinnlose Ritual der jährlichen Mitarbeiterbefragung ab! Fast jeder wäre vermutlich dankbar dafür, der Erkenntnisverlust ist vernachlässigbar gering und das gesparte Geld könnte sinnvoller eingesetzt werden — zum Beispiel fürs „Erfolge feiern".

Trotzdem wird es nicht passieren. Zu groß ist das Potenzial für Polemik, das mit der Abschaffung verbunden wäre. „Mitarbeiterzufriedenheit scheint in diesem Laden keinen mehr zu interessieren", hieße es vermutlich und dieser Slogan würde vielleicht sogar für Gezwitscher in den Sozialen Medien oder die eine oder andere Schlagzeile taugen. Außerdem ist es vermutlich einfacher, das Ritual weiter zu pflegen, statt zu versuchen, ein wirklich tiefes Verständnis zu entwickeln über den Zusammenhang zwischen Zufriedenheit und Erfolg und was man dafür auf der Ebene jedes Einzelnen tun kann und soll.

Die Verteidigung der Klonkrieger

Zurück aber zu den anderen ritualisierten Prozessen rund um die menschliche Ressource und zur Frage, welche Paradigmen ihnen zugrunde liegen. Das erste dieser Paradigmen ist genau das von der menschlichen Ressource. Menschen sind Produktionsfaktoren und haben als solche unterschiedliche Qualität. Überdurchschnittliche Qualität wird höher bezahlt, unterdurchschnittliche Qualität wird niedriger bezahlt oder aussortiert. Selbst das böse Wort von der „Entsorgung" ist noch nicht aus dem Wortschatz mancher Manager verschwunden.

Das zweite Paradigma ist, dass man die Qualität dieser Ressource hinreichend gut und allgemein definieren kann. Hier ist das Feld zwar weit, die Annahme bleibt aber die gleiche. Vom Vertriebserfolg des Verkäufers über die durchschnittliche Bearbeitungszeit durch den Servicemitarbeiter (in einem ausgewogenen Verhältnis natürlich zu Freundlichkeit und Kundenorientierung) bis zu Faktoren wie Marktkenntnis, Kundenorientierung, unternehmerische Fähigkeiten und Führungsverhalten im Management, die Ressource Mensch wird vermessen — und das zumeist auch noch durch die Personalabteilung.

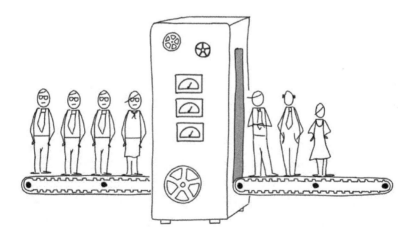

Das dritte Paradigma schließlich besagt, dass Menschen tatsächlich gesteuert und getrieben werden durch die beschriebenen Prozesse, bevorzugt durch ... Geld. Zwar hat heute jeder Manager, der halbwegs etwas auf sich hält, Reinhard Sprengers Klassiker „Mythos Motivation" inhaliert und Dan Pinks berühmten Vortrag über „Purpose", „Autonomy" und „Mastery" zumindest auf YouTube gesehen, die praktischen „Motivationsversuche" folgen aber immer noch den längst überholten Mustern. Schlimmer noch: bisweilen werden die Erkenntnisse geradezu pervertiert. Gefragt, wie man erklären soll, dass es mit der Gehaltserhöhung für den Mitarbeiter – wieder einmal – nichts geworden ist, geben manche Manager die Antwort, dass Geld doch ohnehin nicht das Mittel der Motivation sei und dass man dem Mitarbeiter gegenüber das entsprechend negative Feedback als besonderes „Geschenk" vertreten müsse. Schließlich gehe es ja nicht um die positive Rückmeldung an sich, sondern um ehrliches und adäquates Feedback. Dass die Gehaltserhöhung in Wirklichkeit wegen der Quote auf der Strecke geblieben ist, muss in diesem Zusammenhang nicht weiter interessieren.

Ach ja, und natürlich erwartet man von jenem Mitarbeiter dann auch, dass er die Frage in der Mitarbeiterumfrage, ob Gehalt und Leistung in angemessenem Zusammenhang stünden, mit hundert Prozent beantwortet; – es gehe ja schließlich nicht um das Gehalt an sich, sondern um das angemessene *Verhältnis*.

Das klingt logisch. Das Problem ist nur, dass wir nicht logisch funktionieren, sondern – zumindest in dieser Beziehung – emotional gesteuert sind und da hört niemand auch nur im Entferntesten gerne, dass er oder sie als „unterdurchschnittlich" betrachtet wird. Im Gegenteil: für die meisten ist schon „Durchschnitt" eine Abwertung. Ganz besonders, wenn das Streben nach Exzellenz das Mantra der Unternehmensrhetorik ist. Da kann man noch so verkrampft argumentieren, dass die Glockenkurve um die 100%-Leistung zentriert ist und dass bereits diese 100% einen ambitionierten Wert darstellen. Vor allem aber – wir kommen darauf noch genauer – ist es schlicht und einfach unangemessen, Leistung oder den Beitrag zum Erfolg auf einen einzelnen Durchschnittswert zu reduzieren.

Tatsächlich kann auch negatives Feedback zu einem Geschenk werden. Das setzt aber eine sehr genaue Auseinandersetzung mit Stärken, Potenzialen und Schwächen voraus und stetigen und engen Kontakt, Vertrauen. Ein Kreuzchen auf einer Skala, die von Minderleister über Durchschnitt zu High Performer reicht, ist das Gegenteil davon. Man mag an all diese Paradigmen glauben oder nicht (die meisten Manager und HR Officer werden vehement bestreiten, dass sie ihren „Personalentwicklungssystemen" zu Grunde liegen), der Effekt ist klar: Diese Systeme schaffen Klone.

Fast immer schaffen sie Klone des bestehenden Personals. Im nur vermeintlich besseren Fall versuchen sie eine Art „intelligentes Design". Der neue Vorstandsvorsitzende oder der neue Personalvorstand beruft eine Kommission ein, die die Eigenschaften des Personals festlegt, das das Unternehmen auf die nächste Stufe katapultiert. Besetzt wird diese Kommission mit Mitgliedern des höheren Managements, Experten aus dem Personalbereich und natürlich … einer Reihe von Beratern.

Das Ergebnis ist immer dasselbe. Die Mitarbeiterin oder der Mitarbeiter der Zukunft ist

- genauso kreativ wie Experte auf mindestens einem Spezialgebiet,

- innovativ, aber gleichzeitig von Effizienz und Kostenbewusstsein getrieben,

- in höchstem Maße kundenorientiert, ohne dabei die Interessen des Unternehmens oder des eigenen Bereichs aus den Augen zu verlieren,

- durchsetzungsstark, aber hochgradig teamorientiert,

- hochintelligent und empathisch zugleich,

- strategisch orientiert mit ausgezeichneten taktischen Fähigkeiten,

- global mobil und erfahren, aber genauso gut in der Lage ins Lokale einzutauchen,

- nicht hierarchie-, sondern ergebnisorientiert.

Die Liste dürfte ziemlich vollständig sein und wenn nicht, dann ergänzen Sie einfach die Punkte Ihrer Wahl. Die Botschaft ändert sich nicht: das ideale Profil hat von allem alles in fein ausbalanciertem Verhältnis, gepaart mit der Fähigkeit, es situativ angemessen anzuwenden. Ein anderes Zielbild zu formulieren, wäre auch ziemlich dumm. Oder glauben Sie, dass ein Unternehmen ausschließlich mit innovativen, intelligenten Egozentrikern erfolgreich sein könne? Oder nur mit effizienzgetriebenen Experten? Oder mit nichts anderem als kreativen Netzwerkern in einer globalen „Community"? Das funktioniert vielleicht in einer kleinen Nische, sicher nicht in großem Maßstab.

So stoßen wir auf ein prinzipiell unlösbares Dilemma. Die Forderung „von allem alles" taugt nicht zur Differenzierung. Gleichzeitig ist aber jegliche Einschränkung dieser Maximalforderung aus Prinzip unzulässig. Das Ergebnis ist — wieder — Durchschnitt und genau das spiegelt sich tagein tagaus in den Beurteilungsritualen wider.

Vor dem Hintergrund dieses Dilemmas ist auch die erzwungene Normalverteilung konsistent. Von wem würden Sie sagen, er habe von allem alles und das im genau richtigen Verhältnis? Selbst Superhelden haben ihre Schwächen und gelegentlich hat Ironman auch mal einen schlechten Tag. Noch schwieriger wird es, wenn wir die persönliche Seite in Betracht ziehen: von wem würden Sie als Chefin oder Chef sagen, er habe alles von allem? — Im Vergleich zu Ihnen selbst!

Durchschnittlich überdurchschnittlich

So wird um den Mittelwert herum verteilt. Die oder der Beurteilte ist kreativ, hat aber zu wenig spezifische Expertise. Spezialist, aber Schwächen in der Kommunikation. Innovativ, aber wenig effizient. Kostenbewusst, aber uninspiriert. Durchsetzungsstark, aber kein Teamplayer. Netzwerker ohne genügend „Zug zum Tor" … . Das arithmetische Mittel der Bewertung in den verschiedenen Dimensionen variiert dann naturgemäß um die hundert Prozent herum.

Nimmt man das System ernst, dann sind die Leistungsträger die, die im Durchschnitt überdurchschnittlich sind und die etablierten Systeme — vom Recruiting bis zur Entlohnung — sind darauf ausgerichtet, dieses Mittel des Mittels nach oben zu verschieben. Exzellenz entsteht aber anders. Wir bewerten den Klaviervirtuosen doch auch nicht nach seinen mathematischen Fähigkeiten und danach, wie sorgfältig er seine Hausarbeit erledigt: Klavier 160%, Rechnen 70%, Staubsaugen 70% — Durchschnitt 100%. Oder den Popstar nach strategischem Weitblick und Freundlichkeit gegenüber dem Hotelpersonal: Singen und Tanzen 200%, Strategie 20%, Umgang mit dem Personal 20% — Durchschnitt 80%.

Sicher sollte es so etwas geben, wie eine minimale „Reife" in einzelnen Kategorien (zum Beispiel was den Umgang miteinander betrifft) und sicher haben viele von uns mehr als nur eine Stärke, aber die Beispiele machen das Prinzip deutlich: die Stärke in einer einzelnen Dimension ist relevanter als das Mittel möglichst vieler unterschiedlicher Kriterien.

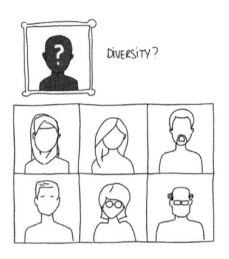

Echter Erfolg schließlich entsteht nicht dadurch, dass durchschnittlich über- durchschnittliche Men- schen nebeneinander her arbeiten, sondern dass Menschen, die in unterschiedlichen Be- reichen hochtalentiert sind, *zusammenarbeiten.* Das ist auch die Essenz dessen, was wir „Diversity" nennen. Häufig wird es allerdings nur auf ein simplistisch messbares Ver- hältnis von Geschlecht, Herkunft oder Alter reduziert. Wahrschein- lich ist das nicht einmal der schlechteste Ausgangspunkt, um das Paradigma von der Klon-Armee aufzubrechen, den Kern der Sache trifft es trotzdem nicht.

Die Art unserer Talente ist höchst unterschiedlich. Da gibt es hochgradig extravertierte Verkäufer, deren größte Stärke es ist, Netzwerke zu pflegen. Da gibt es introvertierte Analytiker, die aus Daten verborgene Schätze heben. Da gibt es kreative Designer, die ins vermeintlich Alltägliche Schönheit zaubern können. Da gibt es die, die mutig Abkürzungen suchen und jene, die sorgfältig jedes Detail ziselieren. Schließlich gibt es außergewöhnliche Talente, die auf den ersten Blick gar nicht als solche erscheinen, zum Beispiel sol- che, die helfen, den „bunten Haufen" zusammenzuhalten und ihn Ziel und Richtung nicht verlieren lassen oder ganz einfach den „bes- ten Butler" für das Team.

Nochmal: signifikanter Erfolg entsteht durch die Zusammenar- beit unterschiedlicher außergewöhnlicher Talente. Anders bekommt man bestenfalls „guten Durchschnitt". Leider ist es unglaublich viel schwieriger, ein auf diese Art exzellentes Team zu gewinnen und seine Zusammenarbeit zu gestalten als den guten Durchschnitt zu managen. Das beginnt bei der Rekrutierung. Eigentlich beginnt es sogar noch früher mit der Frage nämlich, wie das Team überhaupt aussehen soll. Wie sieht die typische Stellenanzeige in Ihrem Unternehmen aus?

„Wir suchen eine(n) ... (männlich/weiblich). Gefordert sind Hochschulabschluss und mindestens fünf Jahre Erfahrung auf dem Gebiet ... sowie Erfahrung im internationalen Kontext. Fließende Englischkenntnisse setzen wir voraus, ebenso wie routinierten Umgang mit Office Software. Die Bewerberin oder der Bewerber sollen sich auszeichnen durch Ergebnisorientierung, ausgeprägte Kommunikationsfähigkeiten, nachgewiesene Kundenorientierung und fundierte Kenntnisse des Markts ..."

Das Beste an dieser Beschreibung ist, dass sie prinzipiell beliebig ist. Damit würde sie es eigentlich erlauben, auch unterschiedliche Kandidatinnen und Kandidaten einzustellen. Praktisch wird sie aber zumeist interpretiert als: „wir suchen einen Controller, der von allem ein bisschen mitbringt". – Guten Durchschnitt.

Noch schwieriger wird es bei den Einstellungsgesprächen. Es erfordert schon einen weiten Sprung über den eigenen Schatten, wenn man – selbst Effizienzmaschine – das Kreativpotenzial des Kandidaten ergründen und schätzen will; oder wenn man – selbst Meister der mutigen Abkürzung – dem detailgenauen Analytiker Rechnung tragen möchte. Am Ende die finale Gewissensfrage: stellen wir jemanden ein, der ein wenig „speziell" ist, oder gehen wir doch eher auf „Nummer sicher"?

Schließlich hilft es auch nichts, einen einzelnen „Paradiesvogel" einzustellen. Mir hat einmal ein Manager gesagt, für diese spezielle Aufgabe bräuchten wir „so jemanden mit einem Pferdeschwanz".

Das war durchaus positiv gemeint, als Synonym für jemanden, der nicht ins übliche Schema grauer Anzugträger passte. Das Problem ist nur: in einer Umgebung grauer Anzugträger gibt es für Exoten genau zwei Wege, nämlich Anpassung oder (innere) Kündigung. Das „Anpassungsrisiko" ist nicht zu unterschätzen, bietet das System doch meist auch viel Komfort. Das Kündigungsrisiko ist natürlich am höchsten bei genau den Talenten, um die es eigentlich ginge. Egal wie, das Ergebnis ist in jedem Fall ähnlich.

Es geht also nicht nur darum, wahrhaft „divers" einzustellen, sondern auch darum, ein Umfeld zu bieten, in dem sich diese Unterschiedlichkeit entfalten kann, in dem aber gleichzeitig auch das Risiko der Assimilation ausgeschaltet wird. Der Schlüssel zu letzterem ist wiederum die Exzellenz selbst. In einem Team, in dem jeder Einzelne in seinem Gebiet auf hohem bis höchstem Niveau arbeitet, kann man nicht erfolgreich werden (und Befriedigung finden), indem man seine schwächeren Stellen entwickelt, sondern nur indem man seine Stärken pflegt und ausbaut.

Entgegen der landläufigen Meinung wiederum ist die Zusammenarbeit in so einem Team gar nicht so schwierig. Es ist hochgradig befriedigend, das einzubringen, wo man wirklich gut ist. Genauso befriedigend ist es, mit anderen „Meistern ihres Fachs" zu arbeiten. Auch die Integration weniger erfahrener Mitarbeiterinnen oder Mitarbeiter stellt normalerweise kein Problem dar. Echte „Meister" geben ihr Wissen meist gerne weiter und Talent genauso wie Exzellenz gibt es nicht nur auf der großen Skala, sondern auch in vielen kleinen Bereichen.

Eine Tatsache schließlich schlägt fast alles andere: kaum etwas ist so motivierend wie gemeinsamer Erfolg!

Bis auf das als unsinnige Paradigma vom überdurchschnittlichen Durchschnitt klingen die letzten Abschnitte manchem aktuellen Mantra der HR-Abteilungen nicht unähnlich. „High-Performance-

Teams" seien das Gebot der Stunde. Wir brauchten eine „High-Performance-Kultur". Auf dem Weg dorthin müssten „Underperformer" konsequent „herausgemanagt" werden ... und dieser Weg ende sowieso nie, denn der „Overperformer" von heute könnte leicht zum „Underperformer" von morgen werden; — entweder, weil das allgemeine Niveau steige oder weil das Potenzial einfach erschöpft sein könnte, wenn er die nächste Stufe der Karriereleiter erklommen habe oder weil ihm vielleicht irgendwann die Kraft oder der Wille fehle. Das oben beschriebene Team von unterschiedlichen aber in ihrem Bereich weit überdurchschnittlichen Talenten könnte man als Ergebnis dieser Art des Umgangs mit dem Personal betrachten. Das klingt wieder einmal logisch, ist aber trotzdem falsch. Nur durch das Jäten von vermeintlich weniger wertvollen Pflanzen entsteht kein blühendes Beet.

An dieser Stelle: es geht nicht um Sozialromantik. Es gibt Fälle, in denen es einfach nicht passt, wo Einstellung oder Fähigkeiten nicht oder nicht mehr ihren Platz im jeweiligen Umfeld haben. In diesen Fällen muss man eine Lösung finden und manchmal ist Trennung tatsächlich die richtige. Ich bin aber genauso überzeugt, dass wir uns viel zu häufig nicht genügend Mühe machen, die wahren Talente zu suchen und noch weniger, die richtigen Plätze für sie zu finden.

Was also müsste anders werden?

Beginnen wir wieder mit dem Einzigen, was zählt: dem *Ergebnis*. Oder — wie wir an anderer Stelle gesagt haben — dem Output. Wie wäre es, wenn wir statt einer pauschalen Definition eines „guten" Mitarbeiters oder einer „guten" Führungskraft begännen mit einer Definition eines *guten Ergebnisses*? Das kann und wird im Einzelfall sehr unterschiedlich sein. Einmal ist es schlicht und einfach „Ertrag", ein anderes Mal ist es vielleicht eine bestimmte Innovation oder auch die Umsetzung eines speziellen Projekts. Wie immer muss das Ergebnis messbar sein, bezüglich des Wegs zu diesem Ergebnis muss es aber genügend Freiheitsgrade geben. Schließlich führen meist viele verschiedene Wege zu eben diesem Ergebnis.

Wenn dieses Wunschergebnis definiert ist (wenn!), dann könnte man es sich ganz einfach machen: Leistung ist gleich Grad der Erreichung dieses Ergebnisses. – Für alle gleich, die daran gearbeitet haben! „Zu einfach!", werden manche an dieser Stelle sagen, „Nicht jeder trägt doch gleich zur Erreichung des Ergebnisses bei!".

In der Tat fühlt es sich vielleicht ein wenig radikal an, wenn der Werkstudent dieselbe Beurteilung bekommen soll wie die Abteilungsleiterin. Wieso soll sie, die sich die Wochenenden um die Ohren schlägt, um das Ziel zu erreichen, nicht anders bewertet werden als er, der parallel sein Studium absolviert? Und ist nicht ihr Beitrag „an der Spitze" schon a priori höher zu bewerten als seiner in den Katakomben der Administration?

Denkt man etwas länger nach, wirkt dieser Reflex weniger überzeugend. Wenn es tatsächlich so etwas gibt wie eine „Spitze", dann gibt es für unsere Abteilungsleiterin mindestens zwei Wege zum Erfolg: entweder, sie investiert ihre Wochenenden oder sie arbeitet mit einem Team, das das nicht nötig macht. Beides ist möglich und man muss gar nicht urteilen, welcher Weg der bessere ist. Aber hätte sie im zweiten Fall weniger gut „performt" als im ersten, nur weil das Maß an „Aufopferung" scheinbar geringer ist?

Umgekehrt gilt dasselbe für den Werkstudenten. Wieso sollte man seinen relativen Beitrag geringer schätzen, nur weil er eine weniger prominente Rolle spielt? Und wie steht es mit den unterschiedlichen Rollen der anderen Beteiligten? Kann das Marketing und die Kommunikation wirklich besser oder schlechter sein als das Gesamtergebnis? Kann dieses Ergebnis wirklich besser oder schlechter sein als die Erbringung der Leistung selbst? Theoretisch vielleicht schon, aber wie soll man das beurteilen? Erst recht, wenn alles am Ende auf einen einzigen (Prozent-)Wert verdichtet wird.

Im Extremfall bringen alle auf dem Papier tolle Leistungen, aber das Ergebnis ist unbefriedigend. Oder umgekehrt: Das Ergebnis ist mau, aber die Beurteilungen sind großartig. Oder nein: Extremfälle sollten eigentlich gar nicht auftreten, denn der Normalverteilung folgend ist die Durchschnittsleistung immer durchschnittlich und für jeden Overperformer gibt es einen Underperformer, der das Ergebnis herunterzieht.

Was aber, wenn das Ergebnis trotzdem außergewöhnlich ist?

Natürlich haben die Personalrituale auch für diese Situationen ihre Lösungen gefunden und so wird geschichtet und gewichtet. Da gibt es individuelle Komponenten und kollektive auf verschiedenen Ebenen, da gibt es verhaltensorientierte Kriterien und ergebnisorientierte, da gibt es Haupt-, Neben- und Zusatzziele. Das Ergebnis ist nur noch mehr Durchschnittsbil-

dung und die Wirkung ist nur noch fragwürdiger: individuell demotiviert, weil als „80%-er" eingestuft, Leistungsbonus trotzdem 100%, weil die Einheit und der Bereich die Ziele übererfüllt hat. Und das Ganze für einen geringen finanziellen Unterschied vor Steuern und einen noch kleineren nach Steuern. Selbst wer tatsächlich glaubt, dass Geld die Motivationsquelle schlechthin ist, muss spätestens hier wieder an die Grenzen seiner dialektischen Fähigkeiten gehen, um das System noch zur rechtfertigen.

Die Kritiker sind noch nicht beruhigt. „Sozialismus!", werfen sie in den Ring. „Wenn das Ziel kollektiviert wird, wo bleibt dann der Anreiz für den Einzelnen?".

Ein berechtigter Einwand. Der wesentliche Schritt ist aber neben der Definition des „guten" Ergebnisses die Gestaltung des Teams, das dieses Ergebnis erbringen soll. Entscheidend dabei sind wiederum Größe und Autonomie. Im Grunde muss jeder in so einem Team in der Lage sein, den Beitrag eines jeden anderen (und seinen eigenen) einzuschätzen. Dann ist der gemeinsame Erfolg der entscheidende Motivationsfaktor. Auf der individuellen Ebene sorgt das „gesehen werden" dafür, dass jeder seinen Beitrag dazu leistet. Eine echte, ehrliche und laufend gepflegte Kultur des Feedbacks fördert den notwendigen Austausch.

Genauso ist es dann möglich, dass die richtigen Plätze für die richtigen Talente gefunden werden und umgekehrt. Auch das „Experimentieren" mit unterschiedlichen Stärken funktioniert in dieser Aufstellung. Wenn nur das Gesamtergebnis zählt und die Größe buchstäblich „überschaubar" ist, wird man automatisch die Stärken suchen und nicht den Durchschnitt über alle(s).

In der Matrix funktioniert das natürlich niemals. Wenn jeder für Vieles verantwortlich ist und die Schnittmenge leer oder klein, dann ist eine gemeinsame Beurteilung sinnlos. Viel schlimmer aber: dann gibt es auch kein gemeinsames Ziel. Es gibt auch keine intrinsischen Mechanismen, die dazu motivieren so ein Ziel zu erreichen. Das wiederum führt dazu, dass man extrinsische Mechanismen etablieren muss, die das sicherstellen sollen: Stäbe, Controller, Ausschüsse, Normen, isolierte HR-Abteilungen, die das „ideale" Mitarbeiterprofil definieren wollen und in Anspruch nehmen, Talente dahin zu „entwickeln" … rituelles Management. Das geht vielleicht eine Zeitlang gut, ist aber langsam und höchst fragil, wenn es um Veränderungen geht. Das wiederum ist geradezu gefährlich, wenn sich die Umwelt mit großer Geschwindigkeit weiterentwickelt.

Betrachten wir modernes Arbeiten unter dem Blickwinkel, dass es dabei vor allem um Informationsverarbeitung geht und betrachten wir das Individuum in diesem Zusammenhang als „Prozessor" in diesem System, so gibt es, wie Yuval Noah Harari schreibt[9], vier Wege, um die Leistungsfähigkeit dieses informationsverarbeitenden Systems zu steigern:

1. Die Zahl der Prozessoren zu erhöhen

2. Die Vielfalt der Prozessoren zu erhöhen

3. Die Anzahl der Verbindungen zwischen den Prozessoren zu erhöhen

4. Die Bewegungsfreiheit entlang bestehender Verbindungen zu erhöhen

Natürlich — auch das beschreibt Harari — konkurrieren diese Optionen miteinander. So wächst etwa die Zahl der möglichen Verbindungen quadratisch mit der Zahl der Prozessoren. Noch viel schwerer wiegt, dass die Zahl allein nicht hilft, wenn es um komplexe Probleme und volatile Umfelder geht.

Ignorieren wir an dieser Stelle Hararis fundamentale Frage, ob derartige Systeme „menschlicher Informationsverarbeitung" nicht über kurz oder lang überflüssig werden, so bleiben als Hebel für die Organisation und das Personal von heute: Vielfalt, Verbindungen und Bewegungsfreiheit entlang dieser Verbindungen.

---

[9] Yuval Noah Harari (2018): Homo Deus: Eine Geschichte von morgen. C. H. Beck

Prinzip 6: Potenzial, nicht Ressource!

Sie gehören alle auf den Prüfstand, diese etablierten Personal-Rituale. Von der jährlichen Mitarbeiterbefragung über den Performance Review bis hin zur Gehalts- und Beförderungsrunde. Es ist sicher nicht der schlechteste Startpunkt, an diese Übung heranzugehen als sollten sie alle ersatzlos abgeschafft werden.

Eigentlich gilt es nur eine Frage zu beantworten: Befördern diese Instrumente echte Verdienste? Oder forcieren sie vor allem eine systemkonforme Erscheinung?

Systemkonformität bezeichnet dabei nicht unbedingt unauffälliges Mitschwimmen. Auch „Überperformance" ist vielfach systemkonform, manchmal bis zu dem Grad, dass sie auf Kosten anderer geht. Aber nicht jede Form der Überperformance mündet in nachhaltige Verdienste, ganz besonders nicht, wenn sie auf Kosten anderer geht.

Aber was sind „echte Verdienste"? – Echte Verdienste kann es in verschiedenen Ausprägungen geben. Zuallererst geht es um messbare wirtschaftliche Erfolge zugunsten des Unternehmens: Profitabilität und Wachstum. Natürlich qualifizieren sich dafür auch erfolgreiche Projekte oder Initiativen, auch wenn sie eher langfristigen Charakter haben.

Schwieriger wird es mit den messbar weniger erfolgreichen Aktivitäten. Manchmal kann es ein Verdienst sein, solche Dinge durchgestanden oder durchgeboxt zu haben, zum Beispiel, weil sie strategischer Natur waren. Manchmal wäre es aber das viel größere Verdienst, sie zu einem vorzeitigen Ende gebracht zu haben, um die weitere Verschwendung von Geld und Kraft zu verhindern. Aber haben Sie schon einmal von einem Projektleiter gehört, der dafür belohnt wurde, dass er sein Projekt vorzeitig und „erfolglos" terminiert hat?

All diese Kategorien sind kaum dem Erfolg eines Einzelnen zuzuschreiben. Echte Verdienste sind Beiträge zur Teamperformance, nicht narzisstische Ein-Mann oder -Frau Shows. Dies wiederum führt zur Frage, ob es nicht gleich konsequenter ist, diese Teamperformance zu honorieren statt den Individualbeitrag zum wesentlichen Gegenstand zu machen und gleichzeitig wiederum einen Maßstab zu definieren, wie der Individualbeitrag zur Teamperformance auszusehen hat.

Das geht natürlich (nur), wenn die Organisation hinreichend klar strukturiert ist in weitgehend autonome Einheiten. Ansonsten erhält man entweder nichts als eine breiige Gesamtbeurteilung oder es bleibt wieder nur der Fokus auf den Einzelnen.

Was sich parallel ändern muss, ist das Bild vom Mitarbeiter, das all diesen Instrumenten zugrunde liegt. Während sie oder er von der Bühne herab als wichtigstes Gut des Unternehmens gelobt wird, sprechen die „Instrumente" implizit eine ganz andere Sprache. Immer noch ist der Mitarbeiter „Ressource", Mittel zum Zweck, kategorisierbar, bezahlbar als Arbeitskraft und „entwickelbar" entlang von Mustern, die woanders definiert werden. Werkzeug. Ist dieses Werkzeug zu stumpf geworden, um nochmal geschliffen werden zu können, kommt es in den Schrank oder wird komplett „entsorgt".

Die gerne geschmähte „Generation Y" hat längst ihre eigene Lösung für dieses Dilemma gefunden. Sie beurteilt ihre Arbeitgeber nicht mehr danach, ob sie lebenslange Beschäftigung versprechen, sondern danach ob sie Raum zur Entwicklung ihrer Potenziale bieten. Und wenn dieser Raum zu eng wird, dann zieht man zum nächsten Arbeitgeber.

Umgekehrt sollte die Perspektive keine andere sein. In einer VUCA-Welt ist es nicht die heutige Passgenauigkeit, die den Erfolg sichert, sondern das Potenzial ... und seine Nutzung. So ist die Aufgabe von Unternehmen, Personalern und Führungskräften nicht mehr (nur), das fachliche Funktionieren sicherzustellen, sondern Potenziale zu erkennen und zu wecken. Das führt bisweilen in unerwartete Richtungen, denn es gilt nicht den guten Durchschnitt zu fördern, sondern das Besondere des Einzelnen ... und daraus gemeinsam etwas wirklich Großes zu machen.

In diesem Sinne stellt sich auch die Frage nach der Rolle der „Human Resources" Abteilungen in unseren Großunternehmen. Vielfach sind sie hauptsächlich Entwickler und Exekutoren von „HR Policies" geworden, von der Reiserichtlinie über die Beförderungsrichtlinie, die Gehaltsbandbreitenrichtlinie, die Auslandsentsendungsrichtlinie bis hin zur Verfolgung von Führungskräften und Mitarbeitern, die ihre Zielvereinbarungen nicht termingerecht im IT System hinterlegt haben. Stattdessen täte es Not, dass sie zu Mitgestaltern der Unternehmenskultur werden, denn nichts bestimmt diese Kultur so sehr wie Personalentscheidungen.

Wer wird eingestellt? Wer wird ge- und befördert? Und – gelegentlich auch – von wem trennt man sich ... und wie?

Wie so oft, wenn es um die Kultur geht, ist das Problem dabei, dass jede einzelne Ungenauigkeit um ein Vielfaches schwerer wiegt als die Masse der guten Entscheidungen. Da kann man noch so viele Plakate drucken oder Web-Based Trainings anbieten, in denen ein offener und kritischer Dialog über alle Hierarchien hinweg gepriesen wird; – eine einzelne Berufung eines rüden Mikromanagers oder eines glatten Konformisten kann all diese Mühen kaputt machen.

Das Problem ist vielfach nicht, dass die Personalabteilungen das nicht wüssten oder dass sie es nicht wollten. Das Problem ist häufig, dass „das Business" sich ganz wohl damit fühlt, wenn HR auf die Exekution beschränkt wird und die eigentlichen Personalentscheidungen woanders getroffen werden, nämlich genau „im Business". Wenig hilfreich in diesem Sinne ist es natürlich auch, dass HR nach Jahrzehnten der Domestizierung vielfach auch nicht mehr in ausreichendem Umfang die Fähigkeit hat, substanzielle Personal- und Organisationsberatung zu leisten.

Ausnahmen bestätigen die Regel. Aber eine echte Veränderung an dieser Stelle erfordert wohl ein starkes Bekenntnis, große Konsequenz und einen langen Atem des Top-Managements.

Mission Impossible

Vom Versuch des Unmöglichen und seinen Opfern

„Hier geht es nicht um eine schwierige Mission, Mr. Hunt, hier geht es um eine unmögliche Mission. Schwierigkeiten sind doch ein Kinderspiel für Sie."

Mission Impossible 2

S ie sind die Biester und Bestien unserer Zeit: Großprojekte. Sicher hat Ihr Unternehmen sein persönliches Pendant zum Berliner Flughafen oder zur Elbphilharmonie? Projekte, die mit großen Ambitionen unter von Anfang an unrealistischen Voraussetzungen gestartet wurden und sich dann – zuerst langsam und dann immer schneller – zu Albträumen entwickelt haben? Die Dimension spielt dabei durchaus eine Rolle: das Albtraumpotenzial wächst exponentiell mit der Ambition. Aber es gibt auch eine Vielzahl mittlerer Vorhaben, die deprimierend verlaufen; – und das nicht nur, weil die

großen Albträume dafür sorgen, dass Prioritäten und Ressourcen woanders hin gehen.

Von Flughäfen und Philharmonien

Im Gegensatz zu Flughäfen und Philharmonien entziehen sich die meisten dieser Albträume dem Licht der Öffentlichkeit. Sie werden sorgfältig gedeckt. Meist werden sie im Gegenteil sogar euphemisiert:

- Die Integration des mit großen Erwartungen eingekauften Unternehmens, die nach zehn Jahren immer noch nicht abgeschlossen ist und in Wirklichkeit nichts als Probleme verursacht.

- Das neue Produkt, das nicht sterben darf, obwohl es — entgegen den euphorischen Vorhersagen aus der Marktforschung — kaum einer haben will.

- Das IT-Projekt, das unter der Last seiner „Change Requests" und der Frustration seiner Anwender in die vierte oder fünfte Verlängerung geht.

In den Kaffeeküchen und Pendlerzügen findet man dafür eine seltsame Mischung aus Ärger, Zynismus, Resignation und auch ein wenig Unsicherheit über den eigenen Beitrag zum großen Schlammassel.

Die Organe der internen und externen Kommunikation legen Extraschichten ein, um die „richtigen" Botschaften zu verankern:

- Die Integration sei natürlich ein voller Erfolg, man habe lediglich die Komplexität und die „kulturellen" Unterschiede etwas unterschätzt; — jetzt sei man aber auch dabei auf einem „guten Weg".

- Man dürfe das Produkt nicht nur an seinen Verkaufsergebnissen messen, sondern könne seinen Beitrag zur Innovation und zum Wandel nicht hoch genug einschätzen. Und überhaupt werde es sich nach einer Überarbeitung auch im Vertrieb durchsetzen.

- Das IT-Projekt sei operativ und strategisch „alternativlos". Die Anfangsschwierigkeiten seien auf ein im Vorfeld nicht absehbares Maß an Komplexität in den Strukturen und Prozessen zurückzuführen, das leider auch im Zuge dieses Projekts nicht vollständig zurückgeführt werden konnte. Aber nach seiner Beendigung, die unmittelbar bevorstehe nachdem man mehr als 80 Prozent der Anforderungen umgesetzt habe, sei man für die Anforderungen der Digitalisierung bestens gewappnet.

Gleichzeitig be- und entsteht heftige Betriebsamkeit um diese Projekte herum. Neue Ausschüsse werden eingesetzt, um die missliche Lage genau zu durchleuchten. Die Berichtswege werden erweitert, die Berichtszyklen verkürzt, Maßnahmenkataloge eingefordert und durch neue Controlling-Instanzen „getrackt". Berater und Stabskräfte werden hinzugezogen, um kurzfristige Verbesserungspotenziale zu erforschen. Die Projektbüros werden vergrößert, um mit dieser Vielzahl neuer Anforderungen zurechtkommen zu können.

Hinter verschlossenen Türen fallen schon mal mächtige Worte. Die Berater, die am Projekt arbeiten, werden einbestellt und mehr oder weniger freundlich erinnert, man könnte die Zahlungen reduzieren, weil nicht fristgerecht geliefert worden wäre. Dieselben Berater mobilisieren dann ihre Stäbe und gelegentlich auch Anwälte, um zu positionieren, dass sich der zu leistende Umfang derart massiv geändert habe, dass von einem Verzug gar keine Rede sein könne. Worauf wiederum die Projektmanagementkapazitäten verstärkt werden, um diesem Gegenangriff Paroli bieten zu können. Die Projektleiter verbringen ihre Tage damit, die „politischen" Wogen glatt zu halten und die Nächte mit ihren Projektteams bis sie entweder ausgetauscht werden oder ausgebrannt oder wenigstens frustriert selbst das Handtuch in den Ring werfen.

TAG UND NACHT

Über einen Abbruch der Projekte wird gelegentlich und meist in kleinen Zirkeln philosophiert. Eine echte Option ist so ein Abbruch nicht. Das hat objektive Gründe. Wie soll man eine Unternehmensintegration auf halbem Weg stoppen (außer man findet einen anderen Käufer)? Eine Erneuerung des IT Systems ist schlicht und einfach notwendig (und die gelegentlich ins Spiel gebrachten „moderneren" Alternativen würden sich genauso als Albträume erweisen).

Und wieder dürfen wir die Psychologie nicht vernachlässigen. Ein halbfertig als Bauruine dem Verfall preisgegebenes Großprojekt wäre auf immer Symbol des Fehlers derer, die die Entscheidung dafür getroffen haben. Da ist es viel besser für das Selbstbild wie für das Fremdbild, dem guten Geld noch mehr hinterherzuwerfen und das Ding irgendwie fertig zu kriegen. Über das Geld spricht später ohnehin niemand mehr. Es tritt schlechtestenfalls als laufende Abschreibung in der Gewinn- und Verlustrechnung auf. Eine Ruine aber wäre noch lange sichtbar.

Das Beruhigende nämlich ist: irgendwann werden diese Projekte tatsächlich fertig. Manche — wie die Elbphilharmonie — werden sogar zum Symbol der visionären Kraft ihrer Initiatoren und Schöpfer. Andere gehen in ihren eigenen Nachfolgern auf. Die Projekte sind verspätet und meist weit teurer als ursprünglich gedacht, aber völliges Scheitern ist höchst selten. Das ist nicht ironisch gemeint. Hardliner mögen zwar argumentieren, dass Verspätungen verpasste Chancen bedeuten, im Extremfall sogar den Verlust von Positionen an Wettbewerber. Sie mögen auch argumentieren, dass die Kosten bisweilen so hoch werden, dass sie durch keinen Business Case je zu rechtfertigen gewesen wären. Aber nur im seltensten Fall ist die Zeitfrage derart existentiell und hätte man als Unternehmen sein Geld wirklich alternativ in Wertpapiere investieren sollen?

So ist die entscheidende Frage vielleicht nicht, warum diese Projekte nicht „liefern" — tatsächlich tun sie das ja am Ende — sondern warum die Erwartungen so viel größer sind als die Ergebnisse und ob das möglicherweise mehr an diesen Erwartungen selbst liegt als an den Ergebnissen.

Prae Mortem

Im Gegensatz zur Krisenintervention ist das „Post Mortem" oder — für die, denen das zu endgültig klingt — der „After Action

Debrief" eher die Ausnahme. Warum noch über die Vergangenheit reden, wo doch die Herausforderungen der Gegenwart und noch mehr die der Zukunft so dringend sind. Sicher, jeder nimmt gute Vorsätze mit sobald er aus dem Albtraum erwacht ist und vielleicht wird sogar jemand beauftragt, einen „Bericht" zu verfassen, aber echte, kollektive Reflexion ist selten. Echte Verhaltensänderung ist noch seltener.

Eigentlich — sieht man vom wechselnden Personal und vielleicht ein paar speziellen Themen ab — bräuchte man ihn auch gar nicht, den „After Action Debrief". Die Probleme sind ohnehin fast immer dieselben. Deshalb hier der Versuch eines präventiven Prae Mortems. Warum also laufen unsere Projekte nicht so, wie wir uns das ausmalen?

Fast immer beginnt es mit der (zu) guten Absicht. Meist ist diese Absicht so viel besser als die Realität, in der sie umgesetzt werden soll, dass man sich alles andere als wundern muss, wenn es kracht sobald diese beiden aufeinandertreffen:

- Der Unternehmenszukauf sei quasi überlebensnotwendig, denn nur Größe könne eben dieses Überleben sichern und man müsse den Vorsprung vor den Wettbewerbern erhalten. Zugleich böte er die Möglichkeit, in neue Geschäftsfelder und Regionen hineinzuwachsen. Ebenfalls ein Gebot der Stunde, denn allein die Wachstumsphantasie sei es, die den Börsenwert bestimme.

- Im digitalisierten Wettbewerb seien neue Produkte zwingend notwendig. Der Kunde verlange Einfachheit, Geschwindigkeit und mobilen Zugriff. Er wolle sich nicht länger mit den tradierten Strukturen herumschlagen, die sich in den tradierten Produkten widerspiegelten. Sollte so ein Quantensprung nicht gelingen, würden entweder die bekannten Giganten der Digitalisierung das Geschäft übernehmen oder — vielleicht noch gar nicht existente — Newcomer das Geschäftsmodell revolutionieren, a la Airbnb oder Ueber.

- Das alte IT System sei marode. Das neue werde Anwender und Kunden glücklich machen und gleichzeitig technologisch so fortgeschritten sein, dass es nicht nur außerordentlich viel Geld spare, sondern auch kontinuierlich so weiterentwickelt werden könne, dass es niemals mehr zu Problemen mit „veralteter" Software kommen werde.

Der Punkt ist, diese Gründe und Absichten sind allesamt richtig. Zyniker behaupten zwar, dass viele dieser Projekte vor allem deshalb losgetreten werden, um entweder die eigene Macht oder das eigene Vermächtnis zu sichern und nicht immer ist auch das als Teil der Motivation auszuschließen, aber selbst dadurch werden die Gründe nicht weniger wahr.

Die Schwierigkeiten finden ihren Anfang erst eine gedankliche Sekunde später. Nun müssen diese Argumente prozessualisiert und weiter rationalisiert werden, vulgo: es müssen Zahlen her — Preise, Erwartungen, Business Pläne. Hier beginnt das Dilemma und es ist ein echtes Dilemma, nicht Politik um der Politik willen, wie es bisweilen kolportiert wird (in den Pendlerzügen, wenn die Folgen auszubaden sind). Die Zahlen passen nicht zu den Argumenten. Die Kosten erscheinen zu hoch, die Umsetzungszeiten zu lang, die Ertragsperspektiven zu niedrig. Gleichzeitig — das ist das Dilemma — bleiben die ursprünglichen Gründe wahr und richtig. Manchmal wird das Vorhaben dann tatsächlich beerdigt, meist still und heimlich. Oft hat man sich aber schon zu weit bewegt und will oder kann sich nicht mehr zurückbewegen.

Als Antwort auf das angesprochene Dilemma kommt dann nicht etwa ein mutiges: „Wir machen es trotzdem!". Nein, stattdessen werden die Pläne so lange gewrungen und geknetet bis es „passt". Die Zeitpläne werden verkürzt, die Erwartungen hochgeschraubt, die Budgets reduziert. So lange bis der Plan die ursprünglichen Argumente auch auf dem Spreadsheet rechtfertigt. Dahinter steckt die — analytisch ebenfalls richtige — Begründung, dass es keine „strategischen Projekte" gibt: entweder ein Projekt ist wirtschaftlich tragfähig oder es ist unsinnig!

Das hilft aber kaum weiter, denn der Grund des Dilemmas liegt in Komplexität und Unsicherheit. Bei den Projekten, von denen wir hier sprechen, wissen wir schlicht nicht gut genug, wie sie sich entwickeln werden. Vor allem aber wissen wir nicht, was geschehen würde, wenn wir sie nicht machen würden. Das Argument zum Beispiel, das IT-System stünde kurz vor dem Zusammenbruch ist immer genauso falsch wie es richtig ist. Kein IT-System, das jahre- oder jahrzehntelang seinen Dienst geleistet hat, bricht von heute auf morgen zusammen. Egal wie alt die Sprache sein mag, in er es entwickelt wurde, man findet immer jemanden, der es am Leben halten kann und kommen neue Anforderungen hinzu, dann baut man im Zweifel außen herum. Die eigentliche betriebswirtschaftliche Frage ist:

„Wann wird der Aufwand für diese Art der Lebenserhalts so hoch, dass es billiger gewesen wäre, Jahre früher mit der Sanierung des Systems begonnen zu haben?"

Diese an sich schon komplexe Frage wird weiter kompliziert dadurch, dass einerseits jede dieser lebenserhaltenden und funktionserweiternden Maßnahmen die spätere Sanierung nur noch komplizierter und teurer macht. Andererseits schreitet die technologische Entwicklung so schnell voran, dass vielleicht in kurzer Zeit neue Möglichkeiten oder Standards die Ablösung der alten Systeme ungleich viel einfacher machen oder ungleich mehr an Leistung bieten. Schließlich bleibt zu erwägen ob und in welchem Maße ein neues System zum Wettbewerbsvorteil wird durch stärkere Kundenfreundlichkeit oder kürzere „Time to Market", beides allerdings wiederum im Wettstreit mit einer gewissen „Lähmung", die sich unweigerlich im Zuge der Umstellung der Systeme einstellen wird.

Natürlich kann man auch versuchen, diese möglichen Entwicklungen zu parametrisieren und in seine Businesspläne zu integrieren oder wenigstens in geeignete Szenarien zu gießen. Am Ende führt das aber mit großer Wahrscheinlichkeit nur dazu, dass man völlig beliebige und per Definition niemals verifizierbare Komponenten einbaut, mit denen sich letztendlich jedes Ergebnis rechtfertigen lässt. Wir bewegen uns also tief im Raum der Unsicherheit. Und nur Unsicherheit erfordert Entscheidungen. Vielleicht mutige Entscheidungen der Art: „Wir machen das (trotzdem)!".

Die Dialektik liegt nun darin, dass diese Entscheidung zwar einerseits tatsächlich getroffen wird, andererseits aber begründet wird mit vergleichsweise simplistischen Plänen, die so lange geknetet wurden, dass ihre „harten" Fakten eben jene Entscheidung rechtfertigen: kurzfristige Meilensteine, versprochene Kostensenkungen, ambitionierte Umsatzerwartungen; — nicht selten untermauert durch Studien von Unternehmensberatern oder Marktforschern.

Für die erfahrenen Lenker im Vorstandsbüro ist auch das noch kein Problem. Sie wissen sehr wohl um die Unsicherheiten und die Notwendigkeit, Entscheidungen zu treffen. Aber wieder nur eine Sekunde später und vor der Tür dieser Büros geht das Drama in seinen nächsten Akt: urplötzlich wird der Entscheidungsprozess entkoppelt vom Umsetzungsplan. Alles Bewusstsein über Unsicherheiten wird vergessen. Der lange geknetete Businessplan wird zum ehernen Gesetz. Das „Versprochene" müsse nun „geliefert" werden!

Noch überwiegt zu diesem Zeitpunkt der Zauber des Neuen, die Begeisterung für das Abenteuer. Enthusiastisch nehmen Projektteams die Arbeit auf, interne und externe Kommunikation preisen den Aufbruch in eine neue Ära. Bei genauerem Hinsehen gibt es aber schon Spannungen. Längst nicht alle Beteiligten glauben wirklich und wahrhaftig an den Plan, entlang dem zu liefern sie nun verpflichtet sind. Im Gegenteil, manche wissen schon, dass die Ambition (wieder einmal) zu groß ist. Und je größer der Kreis der Betroffenen und der Beteiligten wird, desto schwieriger wird nicht nur die Veränderung an sich, zunehmend wächst auch das Wissen um das, was im ursprünglichen Plan noch gar nicht bekannt war und erst recht im verabschiedeten Plan keinen Platz hat.

Dieser aber führt nun sein eigenes Leben. Er ist das Maß dessen, was wann und wie zu liefern ist, losgelöst von den ursprünglich tatsächlich bekannten Unwägbarkeiten im Rahmen des Entscheidungsprozesses. Eine Zeitlang lassen sich die Spannungen zwischen

Anspruch und Wirklichkeit noch überspielen. Zuerst werden Meilensteine umgeplant, die weit in der Zukunft liegen und auch die Budgets, die ja auf Jahre veranschlagt sind, geben anfangs etwas Spielraum her.

Irgendwann aber wird der Spagat zu groß. Die Sehnen und Gelenke fangen an zu knacken. Der Projektstatus wechselt von hellgelb auf dunkelorange. Jetzt ist auch der Zeitpunkt, zu dem die verschiedenen Parteien das Visier herunterklappen: Anwender, die ihre Anforderungen ungenügend berücksichtigt sehen; Verkäufer, die das neue Produkt nicht verstehen; Mitarbeiter, die Angst um ihre Arbeit haben; Externe, die ihre Change Request Listen zücken … Controller, die nur auf den rechten Augenblick gewartet haben, um die klaffende Lücke zwischen Anspruch und Wirklichkeit zu beweisen … und alle Arten von weniger stark Beteiligten, die ihre ganz eigene Meinung vertreten.

KRISENMODUS

Kurz: man ist mitten im Krisenmodus.

Und irgendwie bleibt man da auch gerne. Warum, darüber kann man nur spekulieren. Vielleicht, weil (nur) die Krise Heldinnen und Helden schafft. Denn nun werden die wahren PowerPoint-Schlachten geschlagen. In eilends einberufenen Lenkungsausschuss-Treffen gilt es zu beweisen, dass man im Recht ist. Jeder für sich und auf seine Weise. Beim Mittag- oder Abendessen gilt es, Entscheidungsträger zu überzeugen, dass man nur noch einmal mehr Geld bräuchte. Die Lieferung im Projekt wird nicht gerade zur Nebensache, aber eine gut oder wenigstens glimpflich verlaufende Vorstandspräsentation wird mindestens genauso wichtig.

Müßig zu erwähnen, dass es natürlich dezidierte Maßnahmen gibt. Nachtschichten werden eingelegt, neue Ressourcen werden kurzfristig hinzugezogen (trotz gewisser Ambiguitäten bezüglich der Finanzierung), verbrauchte Helden werden durch neue ersetzt, zusätzliche Instanzen und Gremien werden eingerichtet, neue Pläne werden gemacht, geknetet, verabschiedet … ja und dann? – Ja und dann fängt das Ganze wieder von vorne an!

Die Geschichte hat viele Facetten – wie die nächtliche Krisensitzung oder die regelmäßige Telefonkonferenz um 6:30 Uhr morgens – und das Drama hat viel mehr Akte als ich hier beschreiben kann, systematisch gibt es aber drei Gründe für den so unbefriedigenden Verlauf vieler Großprojekte. Von „Scheitern" würde ich gar nicht sprechen, denn – wie gesagt – am Ende kommt meist tatsächlich etwas heraus, die Frage ist nur, ob man sich die Qualen auf dem Weg wirklich antun muss.

Hier also die drei wesentlichen Erkenntnisse unseres Prae Mortems:

1. Projekte werden mit prinzipiell richtigen Intentionen gestartet, aber mit Plänen versehen, die diese Intentionen in falscher Weise rationalisieren. Sind diese Pläne erst einmal in

der Welt, nehmen sie ein Eigenleben an, ganz gleich ob sie erfüllbar sind oder nicht.

2. Sobald die auf diese Art entstehende Lücke zwischen Ambition und Wirklichkeit unüberbrückbar wird, wechselt das Projekt und die Organisation um dieses Projekt herum in den Krisenmodus. Und obwohl eine Vielzahl der in diesem Modus stattfindenden Aktivitäten eher kontraproduktiv (dabei aber gleichzeitig irreversibel) ist, fühlen sich viele wohl in diesem Modus; — vielleicht, weil er Raum für Heldinnen und Helden schafft.

3. Wir lernen herzlich wenig aus diesem Muster und fallen das nächste Mal gleich wieder darin zurück.

Auf den ersten Blick stellt sich die Frage, wie man ausbrechen kann aus diesem so offensichtlich dysfunktionalen Muster und die Antworten sind ziemlich naheliegend: Realistische Pläne, Mut zur Entscheidung, Puffer und Flexibilität für sich ändernde Anforderungen, offene Kommunikation und ein Management, das genauso zielorientiert wie gelassen ist.

Der aktuelle Trend ist der Versuch, das mittels „agiler" Methoden zu systematisieren. Dabei werden fertige Zwischenschritte oder -produkte zum zentralen Organisationsprinzip gemacht. Das erklärte Ziel dieses Versuchs ist, in einen „Flow" zu kommen, in dem weitgehend autonome Teams kontinuierlich liefern, lernen und sich und ihr Produkt verbessern.

Kein Platz für Helden

Die elementaren Prinzipien, die diesem Versuch zugrunde liegen, wurden im Jahr 2001 von einem guten Dutzend

Softwareentwickler und -architekten niedergelegt. Ausgangspunkt war die Frustration über die Dysfunktionen, die gerade in der Entwicklung von Software besonders zu Tage treten. Diese Frustration war und ist nicht nur intellektuell abstrakter Natur, sie reflektiert vielmehr einen Aspekt, den ich bisher noch nicht erwähnt habe:

Die fundamentalen Dysfunktionen in Großprojekten fordern ihre Opfer auf Seiten derer, die diese Projekte umsetzen sollen und wollen. Wenn der Spagat zwischen Anspruch und Machbarkeit zu groß wird, wird die Arbeit zur Qual. Und wenn der Krisenmodus zum Normalzustand wird, dann ist der Burnout nicht weit.

Trotzdem fristete das Paradigma der Agilität gut zehn Jahre ein relatives Nischendasein, beschränkt auf die Zirkel der Softwareentwicklung. Dort entwickelte es sich mehr oder weniger zum Standard. Jeder, der jemals praktisch in der Entwicklung von Software gearbeitet hat, spürt fast intuitiv, dass die agile Herangehensweise einfach „die richtige" ist. Befördert wurde die Entwicklung weiter durch technologische Fortschritte, die extrem kurze Entwicklungszyklen und z. B. DevOps[10] ermöglichen.

Außerhalb dieser „Community" (die per Definition auch Technologie-Startups einschließt) dagegen blieb dem agilen Paradigma sehr lange Zeit der Charakter des „Esoterischen" anhaften. Aber „Software was eating the world"[11] und so war es unvermeidlich, dass auch die Methoden der Softwareentwicklung aus ihrer ein wenig obskuren Nische herausgeholt wurden. Schließlich wurde „agil" — nicht zuletzt dank des Anschubs traditioneller Berater — zum

---

[10] "DevOps" ist eine Vorgehensweise, bei der unter Nutzung moderner technologischer Verfahren zur Qualitätssicherung und zur Softwareverteilung Softwareentwicklung und Anwendungsbetrieb ganz nahe zusammenrücken. Die Gesamtverantwortung liegt dabei weitgehend bei den Entwicklern selbst, nicht in anderen, abgegrenzten Bereichen. Das führt zu teilweise extrem kurzen Roll-Out-Zyklen und – nur scheinbar paradoxerweise – zu einer signifikanten Qualitätsverbesserung.

[11] Andreessen, Marc, Wall Street Journal, 20. August 2011

Mainstream. Heute arbeiten fast alle Organisationen, die etwas auf sich halten, agil. – Zumindest reklamieren sie es für sich. Die Wahrheit nämlich sieht häufig anders aus.

Ein tägliches Standup-Meeting macht noch lange nicht agil. Und die Zeit zwischen zwei Meilensteinen im Projektplan „Sprint" zu nennen, ist Schaufensterdekoration der durchsichtigsten Art. Schließlich gibt es dann noch die Kleinstprojekte von ein, zwei Monaten Dauer, die plötzlich als Leuchtturm-Beispiele für Agilität gehandelt werden. In Wahrheit sind die aber nichts als Alibi, denn solche Kleinprojekte arbeiten einfach ihrer Natur nach agil.

Wenn es aber ernst wird, wenn die Projekte bedeutsam und groß werden, dann findet man fast immer unter der agilen Lackschicht die alten Muster. Wasserfälle, Drei-Jahres-Pläne, Gantt-Charts und PowerPoint-Schlachten in kaskadierenden Ausschüssen, in denen vor allem geredet wird, kaum entschieden, geschweige denn „produziert".

Kein Wunder, denn dann wird es auch kompliziert mit der Agilität.

Zuerst muss man die komplette Projektarchitektur überdenken: von einer zeitlichen, organisatorischen und funktionalen Hierarchie hin zu möglichst autonomen und lose gekoppelten Einheiten; von einem von Anfang an festgeschriebenen Ergebniskatalog hin zu einer mehr oder weniger dynamischen Folge von Zwischenergebnissen. Von einer — ohnehin nur illusorischen — Redundanz-freiheit zur bereitwilligen Akzeptanz des „Reworks".

Als nächstes gilt es, die Interaktionsstrukturen zu verändern: von hierarchisch kanalisierten Interaktionen mit Kunden, Nutzern oder Partnern hin zu direkter Kommunikation, vor allem aber zu einer weit größeren Autonomie der Teams im Entscheidungsprozess.

Das zu gestalten ist in größeren Projekten wirklich schwierig. Es erfordert viel Nachdenken, ein wenig Mut und vielleicht auch Geduld bis es funktioniert. Manchmal ist es möglicherweise auch nicht machbar oder angemessen und auf diese Weise in laufende Projekte einzugreifen kann eventuell auch nicht ratsam sein.

Das vielleicht größte Problem aber ist: agiles Arbeiten und agile Organisation lassen wenig (keinen) Platz für Helden!

Fast immer ist die erste Frage des Managements (wir kommen gleich noch zum „Management"): „Wer ist verantwortlich, wenn etwas nicht läuft?". In einem seltsamen Reflex wird dann oft dem Scrum-Master die Rolle des „Verantwortlichen" zugeschrieben, oder dem Product-Owner. Weder die konkreten Bezeichnungen noch die entsprechenden Rollen sind an dieser Stelle wesentlich. Wesentlich ist der Reflex an sich bzw. die Annahmen, die ihm zugrunde liegen: „Wen kann ich greifen, wem kann ich „Druck machen", wenn etwas nicht funktioniert?". Und: „Wenn es keine dedizierte Person gibt, die potenziell Konsequenzen zu tragen hat, dann wird das Ganze sowieso nichts".

Aber auch umgekehrt ist die Sache kompliziert. Wenn es keinen Teamleiter mehr gibt, keinen Projektleiter, keinen Gesamtprojektleiter ... , wie funktioniert dann Anerkennung. Und wie kommt man „vorwärts"? Wenn (nur) das Teamergebnis zählt, wie kann dann der Einzelne glänzen? Ist plötzlich der begnadete „Software-Nerd" auf demselben Level wie der „Boss"? (Die richtige Antwort ist: „Ja!") — Und wer beurteilt das am Ende?

Dieselben Fragen stellen sich schließlich (zu Ende gedacht) auf den im tradierten Sinne „höheren" Ebenen des Managements. Was wird aus all den „Steuerungs"-Meetings und -Eingriffen? Wer trifft die finale Entscheidung? Wer trägt die finale Verantwortung? Und wer darf deren Last für sich reklamieren? Nicht zu vergessen die gleichermaßen geliebten wie gehassten Rituale rund um vorhandene oder nicht vorhandene Budgets.

Ganz ehrlich, das sind schwierige Fragen und einfachen Antworten gibt es nicht. Einerseits sagt uns unsere eigene, mehr aber noch unsere tradierte Erfahrung, dass es nicht geht ohne die starke Persönlichkeit, den Feldherrn, den charismatischen Anführer, den Träger der Entscheidungslast, den Visionär, den Macher, den „knallharten" Umsetzer. Einerseits ist die Heldenverehrung kaum kleiner geworden seit der Zeit der antiken Mythen: vom übermächtigen CEO bis hin zum verehrten Fußballtrainer. – Beide hochbezahlt und jederzeit bedroht vom Fall in die Ungnade. Andererseits sind die Dysfunktionen evident und gleichzeitig haben sich die Möglichkeiten dramatisch verändert. Der tayloristische Ansatz, der im Kern auch unserem klassischen Projektgeschehen zugrunde liegt, ist unflexibel, langsam, ermüdend. Er ist überholt.

Prinzip 7: Ehrlich. Agil. Mutig.

Nichts, wirklich nichts, täte unseren Projekten so gut, wie bedingungslose Ehrlichkeit. Alle Beteiligten leiden unter nichts mehr als unter dem Biegen, Dehnen und Verschleppen der Realität, die die Norm sind. Egal, wie gut die Absichten hinter diesem Biegen und

Dehnen sind. Meist sind diese Absichten nämlich gut. Trotzdem gibt es nichts als Verlierer: Auftraggeber bekommen nicht das, was sie sich ausgemalt haben. Oder wenigstens nicht zu dem Preis oder in der Zeit oder mit der Qualität, die sie sich erträumt hatten. Und diejenigen, die mit ganzer Kraft „liefern" wollen, reiben sich auf zwischen Anspruch und Machbarkeit.

Das beginnt nicht erst mit dem berühmten „Wassermelonen-Status" im Lenkungsausschuss — außen grün, innen rot. Es fängt an schon lange bevor die Projekte eigentlich beginnen. Beseelt von der Motivation, das Projekt „durchzubekommen", meist wirklich, weil jemand ehrlich an den Nutzen glaubt, werden Kosten, Nutzen und Termine „politisch" so lange geknetet, bis sie so sind, dass man eine Genehmigung findet. Dass sie dann noch realistisch sind, ist nicht zu erwarten und es ist ernsthaft fragwürdig ob jemand das tut.

Die Vorgaben, die damit geschaffen werden, sind dann bereits so, dass das Projektteam von Anfang an vor der Aufgabe steht, Kreise zu quadrieren; — von der Unmöglichkeit, auf Volatilitäten und Unsicherheiten zu reagieren gar nicht zu reden. Verschärft wird das Problem dadurch, dass diejenigen, die vom Projekt wirklich betroffen sind, weil sie entweder die Arbeit machen oder mit den Ergebnissen arbeiten müssen, zu diesem Zeitpunkt nicht involviert werden. Das Argument ist natürlich, dass man anders nie eine Entscheidung bekäme und dass man ganz dringend anfangen müsse, um nicht gleich schon wertvolle Zeit zu verlieren. Die verliert man dann lieber später vielfach über all die Meetings, Eskalationen, Neuplanungen und Verlust oder Austausch von Schlüsselpersonal, wenn die Wassermelone ihre wahre Farbe offenbart.

Diese Ehrlichkeit vor dem Start ist auch für agil durchgeführte Projekte durch nichts zu ersetzen. Wenn es dann ernst wird, sind agile Methoden generell dem Wasserfall vorzuziehen. Ausnahmen bestätigen auch hier die Regel. Eines aber gilt immer: agile

Methoden sind auch Methoden. In vieler Hinsicht sind sie sogar deutlich strenger als die tradierten Wege des Projektmanagements. Umgekehrt heißt das auch, wenn man sie nicht konsequent anwendet und „lebt", ist das genauso ein Pfad ins Desaster. Wenn man „Fake Agile" praktiziert und es dazu nutzt, Chaos zu rechtfertigen, ist das unverantwortlich. Will man aber „richtig" agil arbeiten, erfordert das viel Anstrengung. Es beginnt mit der Organisation des Vorhabens und endet mit der Gewöhnung an ein verändertes Rollenverständnis.

Schließlich: Mut.

Der Mut, den Tatsachen ins Auge zu schauen und sich und andere nicht immer auf den nächsten Meilenstein oder das nächste Meeting zu vertrösten, muss manchmal so weit gehen, das bereits Erreichte in Frage zu stellen. Im Extremfall muss er so weit gehen, laufende Projekte zu beenden. Der Grund dafür muss nicht immer die kritische Situation des Projekts selbst sein, der Grund kann auch sein, dass andere Dinge wichtiger (geworden) sind. Organisationen vertragen nur eine gewisse Menge an gleichzeitigen Prioritäten und diese Menge ist kleiner als man denkt.

Der Grund dafür ist nicht so sehr die absolute Menge an Arbeit, sondern die exponentiell wachsende Ineffizienz, die durch Rüstzeiten und multiples Krisenmanagement entsteht. Je größer ein Projekt, desto schwieriger wird es. Je länger es läuft, desto mehr Veränderungen von innen und von außen wird es unterworfen sein. Je mehr Beteiligte es hat, desto größer wird der Anteil der Arbeit, der zum Management der Interaktion geopfert werden muss. Ein Zurückschrauben der Ambitionen ist keine Lösung. Aber (nur) mit Ehrlichkeit, richtig verstandener Agilität und einer guten Portion Mut, kann es gelingen. Vielleicht hilft bisweilen auch ein wenig Entspanntheit, denn am Ende wird es meistens (doch) etwas.

Die Dialektik der Veränderung

Wo die Veränderung stecken bleibt

„Wer hohe Türme bauen will, muss lange am Fundament verweilen."

Anton Bruckner

N ichts ist beständiger als der Wandel. Jeder, wirklich jeder, der in einem Unternehmen arbeitet, das etwas auf sich hält, dürfte diesen Satz mittlerweile in Formen inhaliert haben, die sicherstellen sollen, dass er Eingang in den genetischen Code gefunden hat. Noch wichtiger ist er natürlich für Manager und solche, die es werden wollen. Die Gestaltung des Wandels ist die nobelste, wichtigste und dringendste Aufgabe der Führungskraft.

Das ewige Mantra

Für sich betrachtet, ist der Satz entweder an Banalität nicht zu überbieten oder er weist tiefgründige philosophische Qualitäten auf, ähnlich etwa Heraklits „panta rhei". Im letzteren Sinne drängte sich ein Bild des Wandels auf, das einem Fluss gleicht, einer stetigen

Durchmischung des Alten und des Neuen, eine Veränderung, die Richtung hat und Wachstum schafft.

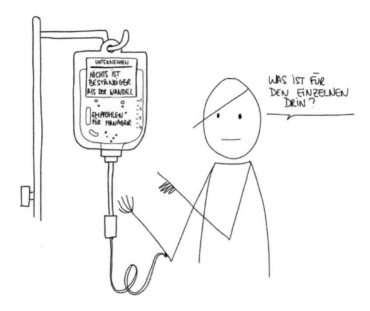

Praktisch wird der Satz meist eher stumpf instrumentalisiert. Er wird zur Keule, die die vermeintlich Veränderungsunwilligen treffen soll. Der Wandel an sich wird zum Selbstzweck stilisiert und jeder, der sich ihm in den Weg stellt, wird als „Hindernis" qualifiziert. Als Grund für das „widerspenstige" Verhalten dieser Hindernisse wird gerne eine angeborene Zögerlichkeit jeder Art des Wandels gegenüber unterstellt, die angeblich weiten Teilen der Spezies Mensch innewohnt, bevorzugt solchen auf den unteren Sprossen der Hierarchieleiter.

An Absurdität nicht zu überbietende Züge nimmt die Sache an, wenn es ans Eingemachte geht: an den eigenen Arbeitsplatz. Man müsse — so die gängige Logik — permanent an der Überflüssig-Machung desselben arbeiten, um die Wettbewerbsfähigkeit der Organisation sicherzustellen. Nur die aktive Arbeit an der Ermöglichung des Wegfalls ebendieser Arbeit, zusammen mit lebenslangem Erwerb neuer Qualifikationen, ermögliche die Sicherstellung der eigenen, individuellen Wettbewerbsfähigkeit und damit dauerhafte Beschäftigung.

Und sollte man in der x-ten Abbauwelle doch zu denen gehören, denen man nicht mehr genügend Einsatz bei der eigenen Obsolet-Machung oder ausreichende Fähigkeiten für eine Neu-Erfindung der eigenen Person zutraut, so wird wenigstens die Bereitschaft erwartet, den Weg frei zu machen, damit sich die, für die das (noch) gilt, die Chance auf eine großartige Zukunft bewahren.

Wenn Sie die letzten beiden Absätze auch nach mehrmaligem Lesen nicht vollständig zu verstehen glauben, so muss Sie das nicht überraschen. Sie beschreiben ein Paradoxon und gehen noch dazu gegen unsere Natur.

Während an anderer Stelle der „Homo Oeconomicus" als Muster gilt und die Verhaltenspsychologie Wirtschaftsnobelpreise gewinnt, wird es seltsam amateurhaft, wenn es um interne Veränderung geht. Kaum je versucht jemand die einzige wirklich relevante Frage zu beantworten, nämlich:

„Was ist für den Einzelnen drin?"

Ich behaupte, Menschen sind a priori alles andere als veränderungsunwillig. Wir suchen Beziehungen, gründen Familien, bauen Häuser, reisen in fremde Länder, gehen bisweilen wilden Hobbys nach, treiben Sport. Wir engagieren uns in Vereinen, an Schulen und Kindergärten, in sozialen Institutionen … . — Freiwillig, ohne „Sense of Urgency" oder „Guiding Coalitions".

Das Problem ist natürlich, dass in der Regel wirklich nicht viel drin ist für den Einzelnen, wenn die nächste große Veränderung im Unternehmen ansteht. Deshalb fallen die begleitenden Parolen eher ausweichend aus: Man müsse doch dankbar sein, wenn der

Arbeitgeber wettbewerbs- bzw. überlebensfähig bleibe. Auch wenn die Jobs in der Produktion wegfielen gäbe es doch glänzende neue Möglichkeiten im Vertrieb oder in der IT. Und die neue Vertriebsaufgabe für den erfahrenen Techniker wäre doch eine wunderbare Erweiterung seines Kompetenzbereichs.

Nur: die meisten Mitarbeiter in der Produktion sind dahin gegangen, gerade weil sie keine große Leidenschaft oder Fähigkeit für die Programmierung in sich entdeckt hatten. Und der erfahrene Techniker ist in der Regel nicht zum umsatzorientierten Verkäufer geboren.

So ist der Widerstand gegen „den Change" nicht etwa das Ergebnis einer Art innerer Trägheit oder eines diffusen Widerstands gegen alles Neue, sondern vollständig rational.

Aber es muss nicht immer die große, existenzrelevante oder existenzbedrohende Veränderung sein. Auch bei den vermeintlich evidenten Veränderungen bleibt die Frage nach dem „Was ist für mich drin?" in letzter Konsequenz oft unbeantwortet. Kürzlich hatte ich ein Gespräch mit einem Berater, der argumentierte, dass es doch ein natürliches Bestreben gäbe, Besprechungen kurz, effizient und ergebnisorientiert zu gestalten, so dass man dieses Verhalten doch einfach aktivieren können sollte.

Ich wandte ein, dass man das auch anders sehen kann. Wenn nämlich der Kontext und die Erfahrung im Unternehmen so ist, dass Anwesenheit als Synonym für Engagement gilt, wenn die Zahl der verfallenen Überstunden ein Kriterium für Karriereentscheidungen ist und wenn Relevanz danach bemessen wird, wieviel Zeit man in der Nähe der „wichtigen" Entscheidungsträger verbringt, dann sind längliche Besprechungen eine gute Möglichkeit, seine Arbeitszeit zu verbringen: die durchschnittliche individuelle Belastung ist gering, der gelegentliche persönliche Beitrag bietet die Möglichkeit zu glänzen und das Ganze ist eine hervorragende Gelegenheit zum „Netzwerken".

Ein Schuh wird erst daraus, wenn das Muster durchbrochen wird, wenn der Chef den Mitarbeiter, der um 17 Uhr geht, nicht mehr fragt ob er einen halben Gleittag nehme, wenn tatsächlich (nur) der Output honoriert wird und nicht die Tatsache, dass um 21 Uhr noch Licht im Büro brennt oder dass man einen Tag im selben Raum verbracht hat wie der CEO.

Erst dann übersetzt sich die vielleicht vorhandene Sehnsucht nach effizienten Meetings tatsächlich auch rational in Freiheit oder Freizeit. „Agile teams leave early", sagt Jeff Sutherland, einer der Begründer der agilen Bewegung.

Der Change, das sind die anderen

An dieser Stelle ist es verführerisch, zynisch zu werden. − Und irgendwie ist das auch der vorherrschende Eindruck in den Kaffeeküchen. Da sind auf der einen Seite die Manager, die den Change predigen, sich selbst aber recht wenig zu ändern bereit sind. Wie auch? − Schließlich sind auch sie mit ihrer Art des Verhaltens erfolgreich geworden. Auf der anderen Seite stehen die, die sich nach Ansicht − oder „Analyse" − dieser Manager ändern müssten, um da anzukommen, wo sich diese Manager selbst längst sehen. − Und nur sehr selten trifft man sich dann tatsächlich im selben Outplacement-Programm.

Wieder einmal ist die Sache aber nicht einfach. Deshalb ist auch der Zynismus fehl am Platz.

Tatsache ist: Nichts ist beständiger als der Wandel! Der Satz stimmt und wenn man dem Exponentialismus glaubt, dann steigt die Geschwindigkeit der Veränderung stetig (ebenfalls exponentiell). Aber auch wenn man nicht daran glaubt, am „Change" kommt man nicht vorbei. Und wenn man nicht daran vorbeikommt, dann ist es auch mehr als legitim, dass das Management das Ziel oder die Richtung vorgibt.

Manchmal liegt auch Personalabbau in dieser Richtung und vielleicht ist es nicht einmal von der Hand zu weisen, dass die Veränderungswilligkeit und -fähigkeit auf den höheren Stufen der Hierarchie tatsächlich größer ist als anderswo. Schließlich versagen Auswahl- und Promotionsverfahren auch nicht komplett. Unabhängig von Richtung und unabhängig von Methode und Framework, die dem Transformationsprogramm zugrunde liegen, braucht es aber zwei Dinge, um erfolgreich zu sein und der Zynismusfalle zu entgehen: Ehrlichkeit und Reziprozität.

Ehrlichkeit

„Ehrlichkeit" beschreibt die ernsthafte Auseinandersetzung mit der Frage „was ist drin für den Einzelnen". Die Betonung liegt hier auf „ernsthaft". Allgemeinplätze wie die langfristige Sicherung der Existenz des Unternehmens taugen nicht. Erst recht nicht, wenn Einzelne aufgefordert werden, sich bzw. ihren Arbeitsplatz für dieses allgemeine Ziel zu opfern. Genau betrachtet, ist selbst die Steigerung der Produktivität kaum etwas, was dem Einzelnen nützt. Wenn das Weniger an Aufwand mit einem Weniger an Personal geleistet wird, ändert sich unterm Strich nichts für die, die dableiben. Und für anderen? – Nun, die sind ja erst mal arbeitssuchend.

Vielleicht ist es tatsächlich oft so, dass objektiv betrachtet wenig drin ist für den Einzelnen, wenn die Veränderung exekutiert wird. Dann sollte man wenigstens auch in dieser Hinsicht ehrlich sein.

Wieso sagt niemand: „Wir glauben, dass unser Unternehmen nur erfolgreich werden kann, wenn wir zehn Prozent weniger Personal haben. Und wir ‚kaufen' diesen zehn Prozent ihren Beitrag ab"? — Stattdessen wird von „sozialverträglichem" Personalabbau gesprochen, von tollen neuen Möglichkeiten, von der nächsten Stufe des Erfolgs. Gleichzeitig wird jenen, die gehen sollen, das Bild vermittelt, sie wären nicht mehr so richtig viel wert. Besonders hart trifft es die „Älteren", das heißt die Generation 50 plus. Auf der einen Seite sind sie es, für die „Sozialverträglichkeit" am einfachsten zu organisieren ist. Auf der anderen Seite bringen die „Jüngeren" wahrscheinlich tatsächlich die besseren Fähigkeiten für die Herausforderungen der Zeit mit, von einem höheren Maß an Belastbarkeit bis zur Gnade der „Digitalen Geburt". — Ein Problem, das so objektiv wie fundamental ist und durch die demographische Entwicklung immer weiter gesteigert wird.

Was aber ist mit Erfahrung? Nun — wiederum ganz ehrlich — Erfahrung hilft ... manchmal. Aber es gibt eine Menge Aufgaben, wo sie egal ist. Und bisweilen schadet sie sogar, wenn sie nämlich verhindert, dass neue Wege ausprobiert werden, nur weil sie in der Vergangenheit nicht zum Ziel geführt haben.

Nicht zu vergessen: Erfahrung wird zunehmend digitalisiert. Wenn Computer besser Go spielen als erfahrene Meister des Spiels, dann ist es bestenfalls eine Frage der Zeit bis sie die Beschwerde besser bearbeiten oder den potenziellen Betrugsfall besser erkennen als ihre menschlicher „Wettbewerber". Im Schach hat man sich längst mit dieser Tatsache abgefunden. Da spricht man von Zügen, die ein Mensch einfach nicht finden würde, gerade wegen seiner Erfahrung. Die Maschine dagegen macht ganz einfach diese Züge ... und gewinnt.

Während man im Spiel jedoch die Welt einfach teilen kann in die Sphäre der menschlichen und die der künstlichen Intelligenz, so ist das im Wirtschaftsunternehmen nicht möglich: Wenn die Maschine das bessere Ergebnis liefert, ist es sinnlos, ja erfolgsgefährdend, sie nicht die Arbeit machen zu lassen. Das Ergebnis ist nicht, dass Erfahrung gänzlich wertlos würde. Aber die schiere Zahl der Rollen, in denen sie einen Vorteil darstellt, nimmt ab. — Und damit der Wert des „erfahrenen Mitarbeiters".

Wirklich schwierig wird es, wenn wir uns ernsthafte Gedanken machen über das Konzept der „Lebensleistung". Viele, die heute auf den Outplacement-Listen stehen, haben signifikante Werte für ihre Unternehmen geschaffen, egal ob im Kundenservice, in Forschung und Entwicklung oder in Finanzen und Controlling. Mit einem Schlag werden diese Werte nun entwertet und die Menschen mit ihnen. Vielleicht bringt das Abfindungsangebot zwei Jahresgehälter, aber bis zur Rente reicht das selten. Die Alternative ist — zumindest in Deutschland —, sich an seine Beschäftigung zu klammern und sein Dasein auf einem bedeutungslosen Posten zu fristen bis einen die Altersteilzeit endgültig erlöst. Damit ist die Existenz gesichert. Mehr nicht.

Das Problem ist signifikant. Einerseits kann ein Unternehmen es sich tatsächlich nicht erlauben, sich auf der Vergangenheit auszuruhen, selbst wenn es um den Einzelnen geht. Was zählt ist das Heute und das Morgen. Andererseits ist es hochgradig unfair und moralisch fragwürdig, vergangenen Einsatz und Erfolge einfach zu ignorieren.

Es hat auch praktische Konsequenzen. Die Botschaft an den Homo Oeconomicus ist einfach: Optimiere dich im Hier und Jetzt! — Mit einem Lohn, der in der Zukunft liegt, ist nicht zu rechnen.

Vielleicht ist es (auch) das, was hinter der oft geschmähten Tendenz der „Generation Y" zum Rückzug ins private Idyll steckt. Für die Generation 50 plus am anderen Ende des beruflichen Altersspektrums bleiben vor allem Frustration und Depression. Natürlich ist auch dieses Phänomen nicht gänzlich neu. Neu ist aber seine Dimension. Mit dem abnehmenden Wert der Erfahrung, immer steigendem Wettbewerbsdruck und genauso steigendem Rentenalter klafft die Schere immer weiter auseinander. Über kurz oder lang ist die Lücke nicht mehr durch Euphemismen zu überspielen.

Nicht wundern darf man sich, wenn Widerstand gegen diese Veränderung besteht. Er ist schlicht und einfach rational. Vom psychologischen Effekt der gefühlten „Entwertung" der eigenen Person abgesehen.

Etwas einfacher ist es vielleicht mit anderen Arten der Veränderung. Nehmen wir das Beispiel unserer Besprechungen. Haben Sie je von einem Change-Programm gehört, in dem es hieß: „Wir gestalten unsere Meetings ab sofort in dieser oder jener Form kürzer und stärker ergebnisorientiert, dafür gehen wir ab sofort auch um 17 Uhr nach Hause"? — Erst so wird übrigens auch wirtschaftlich ein Schuh daraus, wenn zum Beispiel Überstunden wegfallen.

Nicht immer muss der Wert der Veränderung für den Einzelnen natürlich materieller Natur sein, auch wenn man vor der Versuchung warnen muss, das Immaterielle zu romantisieren. Auch Autonomie könnte zum Beispiel etwas sein, das für den Einzelnen drin ist: „Wir nutzen den Produktivitätsgewinn dafür, dass jeder x Stunden pro Woche an eigenen Projekten arbeitet". Gemeint sind nicht rein private Projekte, aber solche, die nicht verordnet oder geplant sind. — So könnte dann vielleicht auch Innovation in Schwung kommen.

Oder noch radikaler: „Wir nutzen die Zeit, die wir mit der Einführung der neuen Software im Call-Center gewinnen dafür, länger mit den Kunden zu sprechen." Plötzlich löst sich der Druck für den Mitarbeiter im Call-Center, der von der Vorgabe „maximal 2:30 Minuten pro Vorgang" befreit ist. Die Auswirkung auf die Kundenzufriedenheit, die nicht nur durch den Wegfall des Zeit-„Limits" an sich entsteht, sondern auch durch die veränderte Haltung des Mitarbeiters am Telefon, ist gar nicht hoch genug einzuschätzen.

Das Brett der Veränderung ist dick und man muss tief bohren, wenn sie Bedeutung haben soll. Wenn man aber tief genug bohrt, dann findet man tatsächlich den Wert für den Einzelnen, für den Kunden und für das Unternehmen und dann ist es auch viel weniger schwer, von der Veränderung zu überzeugen.

Eine Warnung ist aber an dieser Stelle angebracht: Manchmal, wenn man ernsthaft und tief genug bohrt, wenn man nicht nur am oberflächlichen Lack kratzt, wird man feststellen, dass in Wahrheit gar nicht so viel drin ist in dieser Veränderung. Manchmal wird man darauf kommen, dass man es besser ganz lässt. Manchmal wird man es vielleicht trotzdem machen, dann aber eher, weil es der Kommunikation nützt oder dem Marketing, gar nicht so sehr dem Geschäft selbst. Dann wird man es aber auch *anders* machen.

So eine Erkenntnis ist unbezahlbar!

Vielleicht sollte man die Frage „Was ist drin für den Einzelnen?" zum ultimativen Kriterium machen, wenn es um die nächste Strategie oder den nächsten Businessplan geht. Ach ja: und man sollte versuchen, diese Frage ehrlich zu beantworten.

Reziprozität

Interessanterweise ist kaum etwas so „Top Down" ausgerichtet wie Theorien und Methoden der Veränderung. Zunächst entwickelt und beschließt der Vorstand eine (neue) Strategie, dann gibt es vielleicht noch ein „Alignment" des Top-Managements. Schließlich wird die damit verbundene Veränderung von oben nach unten durchgesetzt, wobei die „Early Mover" kaum der Überzeugungsarbeit bedürfen, während es am anderen Ende die „Laggards" sind, die als letzte auf den Zug aufspringen; — wenn man nicht im Lauf des Prozesses feststellt, dass man sich von ihnen sowieso besser trennt.

Die jeweils höhere Ebene ist bereits im Besitz der neuen Weisheit bevor sie sich daran macht, ihre Untergeordneten zu überzeugen. „Quick Wins" sollen die Erkenntnis fördern für die, die nicht so schnell auf den neuen Zug aufgesprungen sind. Theoretisch tritt man auf diese Weise ein in einen kontinuierlichen Prozess der Veränderung und Verbesserung. Praktisch wird alle zwei bis fünf Jahre ein neuer Kraftakt gestartet.

Natürlich ist diese Beschreibung arg holzschnittartig und viele Methoden sind durchaus weiterentwickelt. Trotzdem trifft sie den Kern von Theorie und Praxis recht gut. Tatsächlich adressieren diese Methoden auch eine elementare Notwendigkeit und eine nicht weniger elementare Sehnsucht.

Die Notwendigkeit ist, dass ohne eine Einigkeit auf den Ebenen des Managements jede zielgerichtete Veränderung zum Scheitern verurteilt ist. Veränderung hat immer eine Richtung. Wenn aber jeder in eine andere Richtung rennt, dann ist das Ergebnis nichts als Durcheinander und der Gesamtfortschritt ist Null. Trotzdem fehlt diese Einigkeit häufiger als man denkt. Nicht selten verlassen selbst die Top-Manager ihre Meetings mit höchst unterschiedlichen Plänen, auch wenn sie sich offiziell natürlich zum gemeinsamen Ziel bekennen.

Die Sehnsucht ist die nach dem Ziel, aus dem sich — von oben vorgegeben — alles Tun und Handeln ableiten lässt. Diese Sehnsucht schlägt sich auch in jeder Mitarbeiterumfrage nieder. Die Idee dahinter ist, dass der Vorstand, manchmal gar der CEO alleine, eine Strategie definiert, die logisch nach unten kaskadiert bis jede einzelne Mitarbeiterin, jeder einzelne Mitarbeiter sein Ziel hat, das genau zum Erfolg dieser Strategie beiträgt. – Vom Pförtner bis zur Finanzchefin.

Diese Sehnsucht sitzt tief. Ich vermute, sie ist archaischer Natur und stammt aus Zeiten, in denen Ziele und Beiträge zu ihrer Umsetzung ebenso existenziell wie unmittelbar waren: das Erlegen des Mammuts, der Sieg in der Schlacht …. Im modernen Großunternehmen kann diese Sehnsucht nicht befriedigt werden. Selbst der narzisstischste Unternehmensführer würde heute kein derartiges Maß an Weisheit für sich in Anspruch nehmen und der Prozess der Kaskadierung würde nicht nur Ewigkeiten dauern, er ist de facto unmöglich; – zu hoch ist die Komplexität der Organisation und die Geschwindigkeit der Veränderung.

Systemisch betrachtet, ist das Top-Down Paradigma von Strategie und Veränderung riskant. Es setzt ausschließlich auf die Weisheit weniger und die ist – egal wie gut informiert diese wenigen sein mögen – viel zu begrenzt. Was ist, wenn sie falsch liegen? Je effizienter die Organisation dann in der Umsetzung ist, desto schneller und konsequenter rennt sie ins Desaster. Und die Wahrscheinlichkeit, dass der elitäre Kreis der Lenker mit ihrer singulären Entscheidung falsch liegt, ist extrem hoch angesichts der Komplexität der Fragen und Geschwindigkeit der Veränderung.

Die Wahrscheinlichkeit, dass sie gar zweimal hintereinander genau richtig liegen, verschwindet endgültig. Gut vielleicht, wenn man dann keine Klon-Armee hat, die bedingungslos folgt. Besser ist es, wenn man die Veränderung von Anfang an anders organisiert hat.

Trotz aller Sehnsüchte wird das Top-Down Modell auch der Situation am „Bottom" nicht gerecht. Was für eine grandiose Verschwendung von Ressourcen wäre es, hochintelligente und -qualifizierte Mitarbeiter zu puren Exekutoren einer Strategie zu degradieren? Erst recht, wenn ein Team von einem Dutzend es in der Hand hat, das Geschäftsmodell zu revolutionieren.

Was schließlich gar nicht mehr funktioniert, ist Veränderung als Einbahnstraße, in der die übergeordnete Ebene jeweils glaubt, bereits angekommen zu sein, während man den untergeordneten Ebenen den Weg der Wahrheit noch erklären muss. Das beginnt bei der Konsistenz im Handeln. Wie will man effizientere Besprechungen erwarten, wenn man selbst zu wichtigen Meetings erst nach 18 Uhr einbestellt und sich erst einmal zwei Stunden die Ausgangssituation erklären lässt oder bereits auf der zweiten Seite der Präsentation über Formulierungen und Rundungsfehler verhandelt? Wie will man Autonomie erwarten, wenn Entscheidungen nach dem Prinzip „first come — first scare" seziert und anschließend revidiert werden? Wie will man unternehmerisches Handeln erwarten, wenn Mitarbeiter für Fehler — oder auch nur ausgebliebenen Erfolg — in Lenkungsausschüssen bloßgestellt werden? Wie will man Diversität fördern, wenn immer nur nach dem gleichen Muster befördert wird? Wie will man auch nur Verständnis für das Abbauprogramm gewinnen, wenn man Fragen nach dem eigenen Geldbeutel entrüstet wegbügelt?

Wer Wasser predigt, muss auch Wasser trinken.

Aber Konsistenz ist nur der erste Schritt. Was wirklich Not tut, ist Reziprozität. Vielleicht ist das gerade die entscheidende Veränderung im Veränderungsprozess. Die Zeiten des groß angelegten, „Sense of Urgency" getriebenen Veränderungsprogramms, das von ganz oben nach ganz unten kaskadiert, sind vorbei. Veränderung ist grundsätzlich ein reziproker Prozess, eine Zweibahnstraße. Eigentlich war das wohl auch schon immer so, aber Ungleichgewichte in der Verfügbarkeit von Informationen und Ungleichgewichte in den Mitteln zur Umsetzung haben den Top-Down-Ansatz effizient, vielleicht sogar notwendig, gemacht.

In Zeiten, in denen wir von „Reverse Mentoring" sprechen, haben sich die Voraussetzungen geändert.

Vorsicht: diese Veränderung ist fundamental und hat recht wenig mit dem beliebten Konzept des „Empowerments" zu tun. Empowerment ist im Kern ein zutiefst hierarchisches Konzept, ein geradezu patriarchalisches Konzept: jemand, der in der Hierarchie höher steht, ermächtigt jemanden, der ihm „untergeordnet" ist, in einem bestimmten Spielraum eigenständig zu entscheiden und zu handeln. Dabei behält er oder sie sich jederzeit das Recht vor, diese Entscheidungen zu beurteilen — und ggf. zu revidieren. Er oder sie behält sich auch jederzeit das Recht vor, den Entscheidungs- und Handlungsspielraum neu zu definieren, ihn zu beschränken oder zu erweitern. Das mag ein Fortschritt sein gegenüber einem rein direktiven Management, die zugrundeliegende Haltung ist aber kaum eine andere und häufig ist es auch das, was in der Praxis zu beobachten ist: Empowerment bis es schwierig wird — und dann schnelles Umschalten in den direktiven oder Krisenmodus.

Mit dem angesprochenen Reverse Mentoring ist es übrigens nicht viel anders. Da wird der Trainee zum Bereichsleiter geschickt, um ihm Facebook oder auch nur PowerPoint zu erklären. Von der Aktion werden dann hübsche Bilder mit klugen Zitaten im Intranet veröffentlicht, während der Trainee längst wieder seinen Arbeiten am unteren Ende der Nahrungskette nachgeht und der Bereichsleiter die Pflege seines Facebook-Profils der Kommunikationsabteilung überlässt und PowerPoint seinen Assistenten.

Die Frage, warum der Bereichsleiter überhaupt jemanden braucht, der ihm Facebook näherbringt, während es mehr als zwei Milliarden Menschen weltweit ohne besonderes „Mentoring" aktiv nutzen, bleibt unbeantwortet.

Was aber ist nun mit Reziprozität gemeint?

Sie beginnt mit der Anerkennung der Tatsache, dass Veränderung überall und zu jedem beliebigen Zeitpunkt in der Organisation entsteht: die neue Produktidee, die im Dialog mit dem Kunden gewonnen wird; das neue Organisationskonzept, das in einem Bereich ausprobiert wird; das neue Werkzeug, das einfach mal eingesetzt wird … . All das – zunächst – ohne Einbettung in die große Gesamtstrategie, den Masterplan, die standardisierte Tool-Chain. Der erfahrene Beziehungsoptimierer wird an dieser Stelle bereits unruhig. „Müsste man das nicht vorher abstimmen, wenigstens genehmigen lassen?", fragt er. Sicher. Aber was bleibt dann übrig von der Initiative? Und wo soll Fortschritt herkommen, wenn nicht vom Ausprobieren.

„Machen wir doch längst", sagt dagegen der mit den Wassern der Digitalisierung gewaschene Manager. „Wirklich?", würde ich zurückfragen. Oft schlägt nämlich die alte Empowerment-Haltung durch. „Bis hierher und nicht weiter", „Wenn wir das in größerem Stil machen wollen, brauchen wir erst Entscheidungen" … . „Und überhaupt, wo soll das Budget herkommen?"

Hier beginnt die zweite Stufe der Reziprozität. Und die wahre Kunst. „Das Management" ist nun gefordert, die Veränderung, die es nicht unbedingt selbst initiiert hat, zu fördern, zu fordern, zu hegen, zu pflegen und ihr Raum zu geben, um zu wachsen. Das ist unglaublich schwierig. Zuerst, weil eine Vielzahl dieser Initiativen einfach scheitern werden. Das liegt in der Natur der Sache. Aber nicht in der Natur des Managements, wie wir es gelernt haben. Entsprechend wird es auch selten belohnt. Dazu kommen andere Faktoren. Da gibt es Initiativen, die einander ähneln oder solche, die früher schon gescheitert sind. Die Versuchung ist groß, das alles früh zu organisieren, zu vereinheitlichen, „geregelten Prozessen" zuzuführen … und ganz schnell ist man wieder beim Stillstand.

Die Aufgabe ist schwierig, gerade weil es keinen klaren Prozess gibt. Natürlich kann man nicht alles ausprobieren. Manches ist von Anfang an eine Schnapsidee, manches stellt sich schnell als nicht praktikabel dar, für manches ist die Zeit noch nicht reif, manchmal reichen einfach die Ressourcen nicht aus. Anderes aber braucht zuerst nur den richtigen Schliff und dann Geduld und Unterstützung, „auch wenn es manchmal recht trostlos aussieht".

Wieder einmal wäre also der Unternehmer gefragt, nicht der „Angestellte".

Bisher mag das so klingen als sollte der Prozess ganz einfach nur auf den Kopf gestellt werden: Veränderung — und Innovation — beginnen „unten", nicht an der Spitze und die Aufgabe der Organisation und des Managements ist es einfach, diese Veränderung zu ermöglichen und zu fördern. Das aber ist viel zu kurz gedacht. Erstens ist es völlig illegitim, die Führungsebenen als Gestalter von Veränderung zu entwerten. Schließlich sind sie besetzt mit einigen der klügsten und gleichzeitig erfahrensten Mitarbeiterinnen und Mitarbeitern, die das Unternehmen zu bieten hat. Zweitens braucht die Veränderung nicht nur Vielfalt, sondern Richtung. Andernfalls ist das Ergebnis lediglich Chaos. „Gut", möchte man sagen, „das Management gibt also die Richtung vor und weiter unten hat man dann gewisse Freiheitsgrade, diese Richtung auszugestalten. Was aber ist dann der Unterschied zum Top-Down-Ansatz?".

Der Unterschied ist wieder einmal subtil, aber trotzdem fundamental. Zunächst einmal ist die „Richtung" kein eng definierter Katalog und jede Maßnahme ist nicht so einfach danach zu beurteilen, ob und wie gut sie zu diesem Katalog passt. Vielmehr ist die Richtung eher ein breiter Korridor innerhalb dessen es unzählige Pfade und Möglichkeiten gibt. Dann aber — und hier zeigt sich die Reziprozität in ihrer deutlichsten Form — sind nicht nur diese Pfade einer kontinuierlichen Veränderung unterworfen, auch der Korridor selbst kann sich biegen und winden. Beides in einer ständigen Interaktion von Strom und Gegenstrom, internen und externen Einflüssen.

Die Richtung entsteht durch das richtige Timing. Der Korridor verändert sich langsamer als die einzelnen Initiativen oder Maßnahmen. — Aber er ändert sich dennoch kontinuierlich und stetig. Im Extremfall gabelt er sich sogar einmal. Das ist der Unterschied zum „alten" Paradigma mit seinen typischen Dreijahreszyklen: Initiative — Plan — Exekution. Neue Initiative — Plan — Exekution … . Je nach Maß an Diskontinuität in der Besetzung der Führungspositionen waren die jeweiligen Richtungswechsel mehr oder weniger abrupt, was es der Mannschaft schwer macht, hinterherzukommen. Die Erfolge sahen meist nur im Plan gut aus und Dreijahreszyklen kann man sich ohnehin nicht mehr erlauben.

So viel zum großen Bild. Die Praxis ist dadurch aber noch nicht definiert. Zunächst stellt sich die Frage nach dem „Korridor" selbst. Was ist dieser Korridor? — Vision, Mission, gar Kultur. Sicher von alldem etwas und ich würde argumentieren, dass sich die Fragen fast von selbst beantworten, wenn die Kultur stimmt. Am ehesten beschreibt aber vielleicht der Begriff des Zwecks, des sinn- und werterfüllten Zwecks, englisch: des „Purpose", diesen Korridor; — nebenbei: immer komplementiert durch die nachhaltige Profitabilität des Unternehmens. So ist es also Aufgabe der gesamten Organisation und des Managements, diesen Purpose kontinuierlich zu beschreiben und weiter zu entwickeln.

Dabei — und hierin liegt die größte Herausforderung — hat man es mit einem hohen Maß an Unsicherheit zu tun. Unsicherheit, ob man das Richtige tut; Unsicherheit, ob man es richtig tut; Unsicherheit, ob man nicht besser etwas anderes getan hätte; … . Die Aufgabe ist nun gerade nicht, diese Unsicherheiten zu beseitigen oder wenigstens zu „prozessualisieren". Die Aufgabe ist, oder sagen wir besser „wäre", mit diesen Unsicherheiten zu arbeiten und Schritt für Schritt einen Weg zu gehen.

Das erfordert eine gehörige Portion Kraft und Mut.

Prinzip 8: Ehrlichkeit und Reziprozität

Nichts wird in den Kaffeeküchen und in den Pendlerzügen schneller und schonungsloser entlarvt als halb gare oder gar halb ehrliche Veränderungspropaganda. Hat man eine gute und ernst gemeinte Geschichte über die Zukunft des Unternehmens oder der Organisation zu erzählen, dann sind die Chancen gar nicht schlecht, dass sich eine Vielzahl der Betroffenen darauf einlässt, vielleicht sogar begeistern lässt. Ist die Geschichte aber nichts als alter Wein im neuen Schlauch oder der Tagtraum des nächsten Managements, wird sich schnell (passiver) Widerstand mit Zynismus am Kaffeeautomaten paaren. Genauso schlimm ist es, wenn Geschichte und Handeln nicht zueinander passen, wenn man zum Beispiel Wachstum oder Innovation predigt, aber vor allem Effzienzprogramme durch die Organisation treibt.

Ja, theoretisch und gelegentlich ist auch beides zugleich möglich. Es gibt so etwas wie frugale Innovation. In Extremsituationen kann „Druck" Kreativität und Erfindungsreichtum befördern. Und dass große Organisationen immer „Speck auf den Rippen" haben, ist auch kaum zu bestreiten. Aber jeder Inhaber auch des kleinsten Betriebs weiß, dass man investieren muss, um zu wachsen und wie will man ernsthaft Konzentration auf Innovation erwarten, wenn das laufende Personalabbauprogramm das dominante Thema ist? –

„Wir innovieren, während die anderen gehen."? So steht also am Anfang die Ehrlichkeit zu sich selbst. Ist die „Geschichte" — aka „Strategie" — so gut, dass sie dem Test in der Kaffeeküche standhält oder ist sie eher eine Kopfgeburt, entstanden in der Isolation der jährlichen Vorstandsklausur? Als nächstes kommt die Ehrlichkeit über die Auswirkungen. Was ist drin für den Einzelnen? Und wenn nichts drin ist, wieso wollen wir es trotzdem machen? Schließlich die Ehrlichkeit in der Umsetzung. Wo wird investiert und wo wird gespart? Und wenn nichts investiert wird und nur gespart, warum? Wer wird gefördert und befördert? Wer nicht und warum?

Dann kommt Reziprozität. Sie beginnt mit dem kategorischen Imperativ. Wer das Open Office propagiert, darf sich nicht hinter der Tür seines Eckbüros einschließen. Wer offene Kommunikation propagiert, muss sich manchmal bewusst zurücknehmen, auch wenn er vielleicht „recht" hat. Wer Agilität fordert, darf nicht bei der ersten Unsicherheit das Management an sich reißen. Das alles sind nichts als Mindeststandards; Mindeststandards, die wir zum Beispiel auch unseren Kindern fürs Leben mitzugeben versuchen. Ehrlichkeit und ein paar (andere) ethische Prinzipien. Sie werden auch selten bewusst oder absichtlich verletzt, aber in großen Organisationen ist die Grauzone tief. Sie wird aufgespannt zwischen gut gemeinter Selbsttäuschung, alten Mustern und der Versuchung, die Veränderung mit manipulativen Mitteln zu beschleunigen.

Neuer — zumindest in ihrer Bedeutung — ist die nächste Stufe der Reziprozität. Der Fluss geht nicht mehr nur in eine Richtung. Informationen und Entscheidungen werden nicht mehr von „oben" nach „unten" gefiltert, kaskadiert und in Direktiven umgesetzt. „Geliefert" wird nicht mehr nur von unten nach oben. Auch das ist eigentlich seit Jahrzehnten ein Grundpfeiler der Managementliteratur und ihrer Anwendung. Aber ist es auch tatsächlich angekommen, verinnerlicht? Wenn man den Kult um das seniore Personal herum betrachtet oder sich ein paar Stunden im Lenkungsausschuss gönnt, darf das getrost bezweifelt werden. Und wie wir gesehen haben, ist „Empowerment" im Kern ein ziemlich patriarchalisches oder matriarchalisches Konzept. Neu ist wahrscheinlich, dass heute die „unteren" Ebenen genauso gut ausgebildet sind, wie die „oberen", dass sie Qualifikationen und Erfahrungen haben, die jenen — damit nur vermeintlich „oberen" — Ebenen völlig fehlen, gerade wenn es um Digitalisierung geht und dass die Filterung von Information kaum noch als Mittel zur Erhaltung der Hierarchie taugt.

Das bedeutet, dass die Hierarchie ihren Wertbeitrag ganz neu definieren muss. Es bedeutet auch, dass praktisch alles, was in einem Unternehmen geschieht, de facto bidirektional ist. Vom Design des Produkts oder der App bis hin zur Strategieentwicklung geht es nicht mehr um zeitlich langfristig definierte und geplante Aktivitäten und Informations-, Anweisungs- und Lieferströme, die in jeweils eine Richtung laufen. Vielmehr gleichen all diese Prozesse „endlos geflochtenen Bändern" und werden genährt von kontinuierlicher Interaktion, von Versuch, Irrtum oder Erfolg und neuen Versuchen.

Die Frage nach dem Change-Programm stellt sich in so einer Umgebung nicht mehr. Die Veränderung wird zum organischen Bestandteil, nicht zur (wiederkehrenden) Initiative. Der „sense of urgency" wird ersetzt durch das Erfahren dessen, was funktioniert und was nicht. Wichtig ist, wer beiträgt ... und das muss nicht zwangsweise mit dem Kästchen im Organigramm korrelieren.

Am besten wäre es, das Bild von „oben" und „unten" ganz aus dem Denken zu streichen. Aber das ist vermutlich zu romantisch. Allein schon, weil wir — wie wir gesehen haben — offenbar eine tiefsitzende Sehnsucht nach Helden haben. Vielleicht ist es auch nicht unbedingt notwendig, aber die „oben" müssen ihren Beitrag neu definieren, von Richter und Lenker hin zum Ermöglicher, Rat- und Richtungsgeber.

Ready Player One

Wo anfangen?

„The Facts were right there waiting for me, hidden in old books written by people who weren't afraid to be honest"

Ernest Cline, Ready Player One

Vielleicht hat den einen oder anderen Leser an dieser Stelle ein Gefühl des Unbehagens beschlichen. Ein Gefühl, das auf der einen Seite sagt, dass es eigentlich nicht wie bisher weitergehen sollte. Gleichzeitig aber auch ein Gefühl, dass es vielleicht ans Unmögliche grenzt, den Tanker mitten auf dem freien Ozean in eine Flotte von Schnellbooten umzubauen. Das Unbehagen ist mehr als berechtigt. Will man wirklich in die Zukunft aufbrechen und nicht nur weiter die lieb gewordene Kuh füttern und melken bis sie altersschwach wird, dann ist tatsächlich ein ziemlich radikaler Wandel nötig. Nimmt man jedoch das so gerne in Präsentationen gebrauchte Bild vom Tanker und den Schnellbooten einmal wirklich ernst, so wird die Schwierigkeit der Aufgabe deutlich.

Stellen wir uns das kurz bildlich vor: Da schneidet, sägt und schweißt die Besatzung auf hoher See an ihrem Tanker herum, um das Material für die Flotte zu bekommen. Sie versucht, aus diesem Material die ersten Schnellboote zu bauen. Es ist schon schwer genug, den Rumpf und die Deckaufbauten der ersten Boote hinzubekommen, ohne Trockendock und in steter Sorge darum, dass der Tanker seine Seetauglichkeit verlieren könnte. Aber was ist zum Beispiel mit dem Antrieb? Die großen und trägen Aggregate des Tankers kann man nicht einfach aufteilen, um die kleinen und agilen Maschinen für die Flotte zu bekommen und ganz neue Motoren zu bauen, ist schon eine Aufgabe von ganz anderer Schwierigkeit als der Rumpf.

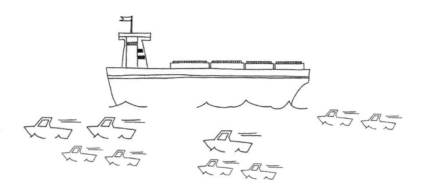

Überhaupt, nach welchem Plan erfolgt der Umbau eigentlich? – Sind plötzlich Kapitän und Offiziere des Tankers unter die Konstrukteure gegangen? Und wer *macht* den Umbau? – Die Besatzung des Tankers dürfte dazu wohl kaum die richtigen Skills haben. Genauso wenig dürfte sie die Qualifikation haben, später eine Flotte von Schnellbooten zu betreiben. Ganz zu schweigen davon, dass sie auch keine Zeit hat; weder um die Arbeit zu machen, noch um die neuen Fähigkeiten zu erwerben. Schließlich muss man den Tanker auch weiter auf Kurs halten, muss weiter den Ozean überqueren, ankern, Ladung aufnehmen und löschen. Das „Geschäft" erlaubt keine Beeinträchtigung … .

Vielleicht ist diese Weiterentwicklung der auf den ersten Blick (und auf der PowerPoint Präsentation) ach-so-einfachen erscheinenden Metapher vom Tanker und den Schnellbooten etwas überspitzt, aber weit weg von der Wahrheit ist sie nicht, denn das ist es, was mutig von den Rednerpulten verkündet wird: radikaler Umbau in voller Fahrt, mit den bestehenden Ressourcen und — bestenfalls leicht angereicherten — Skills. Das Einzige, was man bei diesem epischen Versuch auf der Haben-Seite verbuchen kann, ist schiere Größe; — Geld, Fabriken, Personal.

Eine Welt voller neuer Optionen

Diese Größe aber zählt immer weniger. Die alten „Economies of Scale" gelten nicht mehr (lange). Tatsache ist, dass eine der fundamentalsten Wirkungen der Digitalisierung darin liegt, dass man mit wenig Ressourcen unglaublich viel erreichen kann. Automatisierung, 3D-Druck, Künstliche Intelligenz, die Cloud und ihre verwandten Technologien werden eher über kurz als über lang dafür sorgen, dass es einsam wird in Fabriken, Call-Centern und Büros. Sehen wir der Tatsache ins Auge: Digitalisierung zu Ende gedacht — oder zu Ende gebracht — bedeutet nicht einen neuen Produktivitätssprung, sie stellt das Konzept der (Arbeits-) Produktivität an sich in Frage!

Noch hat Tesla Anlaufschwierigkeiten mit seiner weitgehend automatisierten Fabrik für die Fertigung des Modell 3. Aber das ist eine Übergangserscheinung. Und selbst wenn Tesla damit unter die Räder kommt, gehört dem Roboter die Zukunft in der Produktion. Oder sie gehört gleich dem 3D-Drucker. Menschen, die mit Gabelstaplern Material durch Fabrikhallen fahren, braucht es bald nicht mehr. Damit wird aber die Produktion tatsächlich zur Programmierung und der Skaleneffekt tritt den Rückzug an. Nicht viel anders geht es in den vermeintlich menschlicheren Domänen. Künstliche Intelligenzen bearbeiten Anfragen, Reklamationen, Beschwerden, sie prüfen und verhandeln Steuer- und Rechtsfälle, führen Bewerbergespräche (falls das noch notwendig ist), legen Geld an, optimieren Werbung und unterhalten uns. Vielleicht dauert es noch ein wenig, aber die Zeit kommt, in der man

sein komplettes Unternehmen „aus der Box" mit einem einfachen Baukasten in der Cloud bauen kann, so wie man heute eine Website baut. Mit Finanzabteilung, HR-Department, Steuer- und Rechtsabteilung, Kundenservice, ja wahrscheinlich auch IT-Entwicklung … global — nur fast ohne Menschen. Es bleiben lediglich Gründer oder Vorstände und ein paar Experten (wenn nicht vorher die Singularität zuschlägt). Die Frage nach Skalierung und Arbeitsproduktivitäten wird dann wie aus einer anderen Zeit erscheinen.

Vielleicht ist es noch ein Weilchen hin, bis sich dieser Zustand einstellt. Vielleicht sollte man auch hoffen, dass es nicht so weit kommt, aber die Weichen scheinen gestellt und vielfach befinden wir uns in nichts anderem als im Übergang. Eines ist aber sicher: weder dieser Übergang noch die Zeit danach ist erfolgreich zu bestehen mit den gängigen Paradigmen der Führung und Verwaltung von Organisationen, die immer noch tief im Bewusstsein und Unterbewusstsein dieser Organisationen und der Menschen verankert sind, die sie prägen.

Die Frage ist nun: Was können große Organisationen und Unternehmen tun, um in diesem Übergang zu bestehen oder gar dem Durchschnittlichen zu entkommen? – Und wo soll man anfangen?

Die Organisation neu (er-)finden

Ich wiederhole mich. Und mancher wird geneigt sein, diesen Punkt zu überspringen, aber er ist wesentlich. Am Anfang steht eine sehr bewusst zu treffende Entscheidung: Wollen wir wirklich in eine neue Welt eintauchen oder optimieren wir nicht besser das, was und wie wir es können? Lippenbekenntnisse und Marketingsprechs beiseitegelassen: „Wollen wir wirklich?"

Optimierer leben gut und der Jüngste Tag ist nicht gleich morgen. Optimierung ist auch nicht gleichbedeutend mit Stillstand. Gute Optimierung ist gutes Handwerk und gutes Handwerk ist kaum hoch genug zu schätzen. Manchmal grenzt es an Kunst. Die Organisation kann weiter das tun, was sie gut kann: kontinuierlich verbessern und vereinfachen, Kosten senken, planen, exekutieren, kontrollieren, qualifiziert managen, inkrementell innovieren … . Sogar Selbsttäuschung, Patriarchen- oder Matriarchentum, die Matrix, das jährlich neue Change-Programm und das tägliche Wettrennen im Hamsterrad werden diese Organisationen aushalten. Sie (und ihre Mitarbeiter) haben ja gelernt, damit umzugehen.

Will man aber wirklich ernst machen mit der Veränderung, dann ist die Organisation der Schlüssel. „Autonomie statt Matrix" heißt das Gebot. Ich vermute, viele würden das zunächst unterschreiben. Trotzdem ist nicht sicher, ob jeder auch wirklich mit vollem Herzen dabei wäre. Die Matrix ist nicht nur komfortabel, wir haben uns einfach auch so schön daran gewöhnt und es ist nicht einfach,

Autonomie zu organisieren. Es erfordert viel Nachdenken und erlaubt wenig Kompromisse.

Wenn man Autonomie organisiert, so wird das zu sichtbarer Redundanz führen; Redundanz, die wir unter dem Mantra der Effizienz so lange zu eliminieren versucht haben. Natürlich ist uns das auch so schon nicht gelungen, aber wir haben sie genauso geschickt wie unpraktisch in der Matrix versteckt. Bleibt schließlich das Problem des Umbaus. Wenn wir uns an das oben skizzierte Bild vom Tanker in voller Fahrt und den Schnellbooten erinnern, wird klar, dass dieser Umbau eine gewaltige Aufgabe darstellt.

Der potenzielle Lohn ist natürlich gewaltig. Autonomie ist die entscheidende Voraussetzung für Agilität, für Geschwindigkeit und für Innovation; — Innovation, die zu Resultaten führt und nicht nur Fingerübung ist. Auch die anderen Puzzle-Teile fallen fast von selbst an ihre Plätze: Kleine, autonome Einheiten suchen sich die Unternehmer, die sie zum Erfolg führen. Strukturen in der Größe von weniger als 150 Individuen bieten keinen Raum zum Versteckspiel, sie sind in der Lage, jedes einzelne Mitglied adäquat zu würdigen und den richtigen Platz dafür zu suchen, sie erkennen den Beitrag zum Erfolg an, nicht das Netzwerken als Selbstzweck. Wie aber organisiert man Autonomie?

Weg mit den Ritualen der alten Welt

Ich habe sie in diesem Buch beschrieben, manchmal auch überzeichnet, die wichtigsten Fehlfunktionen, die sich so fest eingebrannt zu haben scheinen, in die Erbsubstanz unserer Organisationen:

- angefangen beim Virus des Euphemisierens

- über die immer weiter aus der Zeit fallenden Rituale des Managements der „Ressource Mensch",

- die allzu weitgehende Abhängigkeit von Beratern,

- den Zynismus, den man so oft in Großprojekten findet,

- den Mangel an konsequenter Ehrlichkeit und Reziprozität

- bis hin zu einer Kultur des Optimierens in Beziehungsnetzwerken statt eines Ansatzes von Unternehmertum, der natürlich nicht ganz ohne Risiken zu haben ist

- und schließlich dem Fluch der Matrix.

Wer es ernst meint, der muss diese Relikte einer alten Kultur auf den Prüfstand stellen. Nein, er muss mehr tun, denn „auf den Prüfstand stellen" ist schon wieder ein Euphemismus. Wer es ernst meint, muss den Willen haben, diese Fehlfunktionen loszuwerden.

Die Richtigen (be-)fördern

Nichts prägt eine Organisation so, wie ihre Personalentscheidungen. Egal, wie Sie Ihre Unternehmenswerte und -mission aufgeschrieben haben, egal wie Sie ihr HR-Rollenmodell definiert haben, egal wie oft Sie Ihre Wunsch-Kultur über die verschiedenen Kanäle zu propagieren versuchen, egal, wie viele Change-Programme Sie machen, alles steht mit den Personalentscheidungen. Noch öfter fällt es mit diesen Entscheidungen.

Sie proklamieren Ehrlichkeit, Unternehmertum, Agilität, eine Kultur, in der man Risiken eingeht und besetzen die nächste Führungsstelle mit einer Person, die sich vor allem durch Konformität und hierarchisches Verhalten ausgezeichnet hat. Dann war alle Mühe umsonst. Sie fordern Kontroverse, Mut, Innovation und befördern vor allem die, die der Kontroverse aus dem Weg gehen und auf den Zug der Innovation erst aufspringen, wenn das damit verbundene Risiko verschwunden ist. Dann stellen Sie am besten Ihr Change-Programm auch gleich ein. Das spart Geld. Die Organisation lernt schnell, welches Verhalten es ist, das zum Erfolg führt und wird sich genau so verhalten. Und natürlich ist der Mechanismus selbstverstärkend. Wer mit tradierten Verhaltensmustern erfolgreich geworden ist, wird kaum neue Wege einschlagen oder aufhören, nach „bewährten" Stereotypen einzustellen und zu befördern.

Umgekehrt wird auch ein Schuh daraus. Selbst wenn der große Wurf, die Organisation von Autonomie, nicht gelingt, wird das richtige Personal mit der Zeit dafür sorgen, dass die Organisation wenigstens ihre Fehlfunktionen abschüttelt. Eigentlich ist das die größte Binsenweisheit der Führung und des Managements. „Den richtigen Mann an den richtigen Platz", schrieb Winklhofer und „people first" ist das gemeinsame Mantra praktisch aller Managementliteratur. Allein die Praxis sieht anders aus.

Bestände Ihre Organisation den „Jobs-Test"? Würde sie den frühen Steve Jobs, heute eine der meist verehrten Gestalten im Himmel der Unternehmenslenker, einstellen? Und wenn sie ihn eingestellt hätte, würde sie ihn befördern? Und würde sie ihm ein Umfeld bieten, in dem er bleiben wollte. Ich behaupte, eher nicht. Jobs war, wie seine Biographen schreiben, begabt, kreativ, persistent, mutig, inspirierend, bisweilen warmherzig, aber auch harsch, kritisch, detailverliebt, unangepasst und ungeduldig; — kaum der Typ, der sich langsam die Ränge einer Organisationshierarchie hocharbeitet. Wenn Sie glauben, dass Ihre Organisation den „Jobs-Test" nicht bestehen würde, dann sind Sie in bester Gesellschaft. Apple hat Jobs auch hinausgeworfen und nur mit viel Inspiration und einer gewissen Portion Glück hat er es ein zweites Mal an die Spitze seines Unternehmens geschafft (indem er es mehr oder weniger gekauft hat).

Sie können den Test auch mit einem beliebigen Startup-Gründer ihrer Wahl machen oder einem kreativen Designer oder einem begabten Software-Entwickler. Und die entscheidende Frage ist nicht, ob Sie einen einzelnen Exoten einstellen würden. Die entscheidende Frage ist, ob Sie eine kritische Masse davon fördern würden und wie Sie mit der Reaktion ihres organisatorischen Immunsystems umgehen würden.

Die Architektur der Autonomie

Jetzt geht es ans Eingemachte. Wir arbeiten uns vor in Richtung der Organisation von Autonomie. Aber „eine *Architektur* der Autonomie"? Ist das nicht ein Rückfall in das Muster von Planung, Steuerung und Kontrolle, in das Muster der hierarchischen Organisation, der tayloristischen Prozesse, des patriarchalischen „Empowerments"? Ist Autonomie nicht das Gegenteil von Architektur? Sollte man nicht besser mit der Schere durch die Organisation gehen, sie einfach in kleine Teile schneiden und warten, wie sie sich selbst organisiert?

Das widerstrebt nicht nur dem Managerherz und -hirn, es wäre auch ziemlicher Unsinn. Gute Architektur zeichnet sich vor allem durch eines aus: durch Konsistenz; — egal, ob man die Einfachheit des Bauhauses bevorzugt oder die Verspieltheit des Barocks. Gute Architektur dient auch immer einem Zweck; gewiss einem ästhetischen, genauso aber auch einem praktischen. Gute Architektur beginnt mit der Frage „warum?". Ein Haus für die Familie, eine Wohnung fürs Alter, ein Wolkenkratzer als Statement … ? Gute

Architektur baut auf die Rahmenbedingungen: Lage, Nachbarschaft, Verkehrsanbindung, Infrastruktur, Budget und nicht zuletzt das Empfinden der zukünftigen Bewohner.

Nicht anders ist es mit der Unternehmensarchitektur. Bevor man anfängt, zu schneiden und zu sägen, muss man klären, zu welchem Zweck man das tut und wie man es anpackt. Auch so eine Binsenweisheit. Und auch eine, die kaum beachtet wird. Statt gründlich nachzudenken, fängt man gerne einfach mal an. An der einen Stelle wird das Fundament der Organisation schon mit dem Presslufthammer bearbeitet, während an der anderen Stelle nur kleinere Reparaturen am Dach vorgenommen werden. Wenn die Bewohner des Hauses dann nach dem Plan fragen, der dahintersteht, wird aus den einzelnen Aktivitäten schnell eine „Strategie" zusammengeschnürt. Oder auch nicht.

Leider gibt es kein Patentrezept für die Architektur der Autonomie. Vielleicht hilft ein Beispiel. Das derzeit meistbeachtete ist Spotify. Da organisiert man funktionsübergreifende und weitgehend autonome „Squads" aus jeweils weniger zehn als Mitarbeiterinnen und Mitarbeitern zu „Tribes". Um den squad- und tribe-übergreifenden Austausch zu organisieren, gibt es dort „Chapter" und „Guilds". Eine der Qualitäten dieses Modells ist, dass es agile Prinzipen und Praktiken eins zu eins in Organisation übersetzt. Natürlich sind auch die Kritiker nicht fern. Das Modell sei nicht übertragbar, da es bei Spotify vor allem um die Organisation von (innovativer) Softwareentwicklung gehe. Inwieweit das zutrifft und ob das Argument nicht gerade anders herum lauten müsste, wenn man glaubt, dass heute jedes Unternehmen ein Softwareunternehmen ist, ist der Beurteilung des Lesers überlassen. Zweifelsfrei aber ist der Missbrauch, der mit dem Spotify-Modell getrieben wird. Da werden landauf landab (weiter) hierarchisch geführt organisierte Projektteams flink in „Squads" umbenannt und Tribes, Chapters und

Guilds als neue Dimensionen auf die ohnehin schon strapazierte Matrix gepflanzt.

Das vielleicht schönste Beispiel für die Organisation von Autonomie ist Buurtzorg. Buurtzorg ist eine Organisation, die in den Niederlanden gegründet wurde und ambulante häusliche Pflege bietet. Der „Fall" Buurtzorg ist sehr beeindruckend in Frederick Laloux' Buch „Reinventing Organizations"[12] beschrieben.

Bevor Buurtzorg im Jahr 2007 auf den Plan trat (genauer: von einer Handvoll Pflegerinnen und Pfleger gegründet wurde), war das Paradigma der niederländischen Pflege: Skalen, Skalen, Skalen. Die Pflege wurde vermessen (wieviel Zeit für welche Aktivität?), zentral geplant und gesteuert (u. a. über Call Center) und die entsprechenden Anbieter verschmolzen weiter und weiter zu immer größeren Gebilden. Das Ergebnis: Unzufriedenheit bei den Patienten ... und Unzufriedenheit ist ein sehr schwaches Wort für Menschen, deren beinahe einziger Kontakt im Leben die Pflegerin oder der Pfleger ist, der kurz zur Tür hereinhetzt und wieder hinaus, weil er seinen zentral geplanten Zeitplan erfüllen muss. Bei den Pflegerinnen und Pflegern war das Ergebnis nichts als Frustration und nicht einmal das Ziel der Kosteneffizienz wurde erreicht. Im Gegenteil.

Dann kam Jos de Blok, der Gründer von Buurtzorg, mit seiner neuen Vision. Die Pflege sollte zurück gelangen in die Hände derer, die sie leisteten, in die Hände der Pflegerinnen und Pfleger. Heute hat Buurtzorg allein in den Niederlanden über 10.000 Pflegerinnen und Pfleger und arbeitet darüber hinaus in 23 weiteren Ländern. Die Zentrale besteht aus weniger als 50 Mitarbeitern. Weniger als 50!

Den Kern der Organisation bilden über 850 selbstorganisierte Teams von Pflegerinnen und Pflegern, die autonom agieren; — von

---

[12] Frederic Laloux (2014): Reinventing Organizations: A Guide to Creating Organizations Inspired by the Next Stage in Human Consciousness, Nelson Parker

der Planung ihrer Aktivitäten bis hin zur Akquisition und Einstellung neuer Mitarbeiter. Die Zentrale unterstützt vor allem mit Vernetzung und Coaching dieser Teams und einigen wirklich zentralen Funktionen. Die Ergebnisse sind unglaublich. Die Patienten erfahren eine Pflege und Unterstützung, die den Namen verdient; viel mehr noch, Buurtzorg gelingt es in vielen Fällen u. a. durch Einbeziehung der Nachbarschaft, den Patienten wieder mehr Eigeninitiative und Selbstbestimmung zu ermöglichen. Die Pflegerinnen und Pfleger lieben ihre Arbeit (wieder). In vier von fünf aufeinanderfolgenden Jahren wurde Buutzorg zum Arbeitgeber des Jahres in den Niederlanden gewählt. Tatsächlich ist ein Grund für das rapide Wachstum von Buurtzorg, dass den anderen Organisationen die Pflegerinnen und Pfleger buchstäblich davonlaufen. Und schließlich ist es Buurtzorg gelungen, massive Kosteneinsparungen zu erzielen, nicht zuletzt dadurch, dass die Patienten nachhaltig weniger abhängig von der Pflege werden.

Das Beispiel ist vielleicht ein Besonderes. Man wird die Produktion von Kühlschränken und Waschmaschinen nicht genau nach diesem Muster organisieren können. Aber was ist zum Beispiel mit dem Vertrieb oder dem Kundenservice?

Der eigentliche Punkt ist jedoch: wenn man es ernst nimmt mit der Autonomie, dann ist das Potenzial gewaltig. Man muss es aber auch ernst meinen. Mal schnell einen „Tribe" oder ein „Squad" über die bestehende Matrix zu stülpen, schadet mehr als es nützt. Wie aber kommt man nun zur Architektur der Autonomie?

Das entscheidende Organisationsprinzip ist der *Output*. Um zu einer Architektur autonomer Einheiten zu kommen, muss man sich die Organisation vorstellen als eine Menge von Einheiten, die jeweils einen dedizierten Output produzieren. Dieser Output kommt entweder zu Dritten, vor allem Kunden oder dient als Input für andere Einheiten, die ihrerseits Output produzieren. Natürlich kann man jede beliebige Organisation so abbilden, wenn man in Kauf nimmt, dass Output und Input beliebig komplex sind. Die Kunst ist, den jeweiligen Output und damit auch die jeweiligen Inputs, zusammen die „Schnittstelle", einfach zu gestalten, jegliches Hin und Her und Kreuz und Quer, das für die Matrix so typisch ist, zu vermeiden.

Der Preis, den man bezahlt, ist eine gewisse Redundanz. Ggf. muss man auch verzichten auf den Anspruch absoluter Einheitlichkeit. Nehmen wir zum Beispiel Marketing, Vertrieb und Produktentwicklung. In der Matrix sind diese drei Einheiten organisatorisch getrennt und gleichzeitig inhaltlich verzahnt. Die Produktentwicklung zum Beispiel beschreibt ihr Produkt, die Marketingabteilung schreibt diese Beschreibung unter „Marketingaspekten" und unter Berücksichtigung des übergreifenden Markenkonzepts um, der Vertrieb passt sie je nach Region und Vertriebsweg an, um sie wieder zurück an die Marketingabteilung zu geben, die eine übergreifende Qualitätssicherung betreiben soll. Bis die Produktentwicklung am Ende ihr Veto einlegt, weil die Beschreibung nach dem ganzen hin und zurück nur noch entfernt mit dem Produkt zu tun hat.

In einer Organisation, die nach dem Prinzip der Autonomie gestaltet ist, muss man zuallererst ernsthaft überlegen, ob nicht besser Marketing und Vertrieb zu einer Einheit zusammengefasst sind, da das Marketing (beinahe) ausschließlich dem Vertrieb dient. In dieser Funktion bieten sie dann (unter anderem) eine Plattform, in die die Produktentwicklung einfach ihre Produktbeschreibung einliefert. Autonom und ohne weiteres Hin und Her. Die Furcht ist natürlich, dass diese Produktbeschreibung unter Marketingaspekten wenig taugt. Wenn aber die Produktentwicklung wirklich verantwortlich ist, für den Erfolg ihres Produkts, wird sie auch alles tun, um die Produktbeschreibung so zu liefern, dass sie erfolgreich wirken kann. Im Zweifel wird dann die Produktentwicklung jemanden einstellen, der auch Marketing Know-How hat, so dass Redundanz entsteht. Denken wir das weiter für eine Reihe von Produkten, so werden wir eine Reihe von Marketingexperten in den Produktlinien bekommen. Leicht kann man das Schema erweitern zum Beispiel um das Controlling, die Personalfunktionen, Recht, Einkauf, … . Aus dem Blickwinkel der agilen Organisation betrachtet: autonome, funktionsübergreifende Teams. Wer will, kann sie auch „Squads" nennen.

Der Reflex der Skalen-Fraktion ist: wir bündeln alle diese Funktionen unter den jeweiligen funktionalen Einheiten, reduzieren die Zahl der Stellen in diesem Zug um 50% und machen die verbleibenden Mitarbeitern zu Schnittstellenverantwortlichen für jeweils einige Produktlinien, während sie gleichzeitig andere, übergreifende funktionale Aufgaben übernehmen können. Vielleich sourcen wir auch gleich noch aus in ein Land, das niedrigere Lohnkosten verspricht. Das Ergebnis ist das oben beschriebene muntere Vor und Zurück, Halbwissen und organisatorische Flaschenhälse. Und wahrscheinlich, wenn man es sich leisten kann, wird man im Produktdesign einen Weg suchen, trotzdem einen Spezialisten zu verstecken.

Ein anderes Problem ist, dass nur noch Hilfsgrößen zur Erfolgsdefinition herangezogen werden können. Der Bewertungsmaßstab des Marketings ist nicht der Produkterfolg (in Umsatz und Rendite), sondern der „Markenwert". Der wird bemessen in hunderten von Milliarden Euro. Wie er mit dem tatsächlichen Vertriebserfolg zusammenhängt, ist ein ewiges Rätsel. Der Maßstab des Call-Centers ist die Problemlösungszeit. Da wird dann schnell an das nächste Level in der Supporthierarchie weitergeleitet. Der Maßstab der Personalabteilung ist die Gehaltsbandbreite. Da ist kein Platz für Ausreißer. Der Maßstab des Einkaufs ist Rabatt. Da wird dann schon mal ein größeres Volumen verhandelt als man tatsächlich braucht.

Eigentlich wäre es konsequent, alles dem End-Produkt zu- (oder unter-) zuordnen; − das ist der Startup-Modus. Oder einer Region; − wie bei Buurtzorg. Und tatsächlich entspricht Zellteilung eher dem Konzept der Autonomie als eine funktional globale Ordnung.

Manchmal aber kann dadurch die Organisation zu kleinteilig und das Maß an Redundanz tatsächlich zu groß werden. Manche Funktionen, z. B. das Rechnungswesen, können wohl auch nur schwierig im beschriebenen Sinne autonom gemacht werden. Genau deshalb braucht es eine *Architektur* der Autonomie.

Das Ziel sind kleine Einheiten, die für ein definiertes Ergebnis autonom verantwortlich sind. Ein Ergebnis, das idealerweise einem Kunden oder „Nutzer" zugutekommt. Ein Ergebnis, für das idealerweise ein Preis bezahlt wird und für das die Zufriedenheit der Kunden bestimmt (erfragt) werden kann. Die Architektur definiert vor allem die Ergebnistypen und die entsprechenden Kennzahlen sowie die Art und Weise, wie die Ergebnisse der einen ggf. als Input für andere Einheiten dienen. Sie definiert nicht, wie diese Ergebnisse zu erzielen sind. Das ist die Grundidee der Autonomie.

Bezüglich der Größe der Zellen gibt es unterschiedliche Einschätzungen. Die vorherrschende Meinung ist, dass die ideale Größe bei unter zehn Personen liegt, manche vertreten mit Vehemenz die Zahl acht. Ich glaube, hier ist etwas weniger Dogmatik angebracht. Die Größenordnung von zehn ist ohnehin die verbreitete Teamgröße. Ob man auf dieser Skala aber immer gute Autonomie organisieren kann, ist eher unsicher. Ich glaube, dass auch größere Einheiten noch ohne die in diesem Buch beschriebenen Dysfunktionen arbeiten und liefern können. Damit ist es dann auch leichter, Autonomie zu organisieren. Spätestens bei 150 Mitgliedern aber ist Schluss und es wird Zeit für eine Zellteilung.

Gut ist die Architektur dann, wenn die Zahl der Input- und Outputtypen klein ist und wenn die Messkriterien einfach und an den Unternehmenserfolg gekoppelt sind. Stäbe verschwinden auf diese Weise fast von selbst. Für sie bleiben nur noch zwei Aufgaben: Erstens, übergreifende Aufgaben, die nicht „autonomisierbar" sind, wie z.B. Teile des Rechnungswesens, der Steuer- oder der

Compliancefunktionen und zweitens die Organisation der Interaktion der verschiedenen Einheiten. Gerade der zweite Punkt ist sensibel. Austausch zu organisieren oder zu vermitteln ist schwer genug und man braucht dazu ein hohes Maß an Glaubwürdigkeit. Aber davon ausgehend es ist nur ein kleiner Schritt, der Versuchung zu erliegen, den Einheiten sagen zu wollen, *wie* sie ihre Ziele erreichen sollen.

Von da ist es wieder nur ein winziger Schritt in die Matrix. Nehmen wir wieder Buurtzorg. Was wäre, wenn „die Zentrale" plötzlich für sich in Anspruch nähme, die Lebensläufe der einzustellenden Kandidaten zu prüfen und einen HR-Experten zu den lokalen Interviews zu schicken? Was wäre, wenn „die Zentrale" auf die Idee käme, die Routenplanung für die Pflegerinnen und Pfleger zu übernehmen, am besten gleich regional übergreifend, um effizienteres Kapazitätsmanagement zu betreiben? Was wäre, wenn „die Zentrale" auf die Idee käme, den direkten Kontakt zwischen Pflegern und Patienten zu unterbinden und stattdessen in einem Call Center zusammenzufassen ... das wiederum auch gleich die Einsatzplanung landesübergreifend steuert? Was wäre, wenn „die Zentrale" auf die Idee käme, dass dieses Call Center auch im Ausland angesiedelt sein könnte, an einem Standort, wo zumindest englischsprachiges Personal günstig zu akquirieren ist ...?

Im Inneren der Zelle

Das Designprinzip ist also ein Netzwerk einfach interagierender autonomer Zellen, die auf ein gemeinsames Ziel ausgerichtet sind. Der Austausch zwischen diesen Zellen wird organisiert und moderiert durch Stäbe, die im Vergleich zu den heutigen zahlenmäßig rudimentär erscheinen. Die Schnittstellen sind schlank.

Was aber geschieht innerhalb der Zellen?

Zunächst ist man versucht, die Zellen selbst genauso zu betrachten wie die gesamte Struktur. Das heißt große Zellen setzen sich aus kleineren Einheiten zusammen, für die dieselben Anforderungen hinsichtlich der Architektur der Autonomie bestehen. Zellen innerhalb von Zellen innerhalb von Zellen … . Trotz des ästhetischen Charmes dieses fraktalen Designs sollte man der Versuchung aber nicht zu früh erliegen. Die Frage ist nämlich: Wenn es tatsächlich möglich ist, die Zelle weiter zu teilen, warum tut man es nicht konsequent? Warum gibt man nicht den kleineren Einheiten echte Autonomie? Warum baut man eine hierarchische Ebene ein? Die Antwort ist nicht schwarz-weiß. Es kann sinnvoll sein, übergeordnete Strukturen zu bilden, zum Beispiel weil regulatorische oder auch kulturelle Rahmenbedingungen das nahelegen, aber – wie gesagt – man sollte es sich nicht zu leicht machen. Sonst endet man schnell wieder bei – genau – der Matrix.

Der entscheidende Punkt ist: das Leben innerhalb der Zelle definiert sich nicht primär durch halbwegs formale Input-Output-Beziehungen, sondern durch das, was James Coplien als „Community of Trust"[13] bezeichnet:

„In high school, I went to music camp one year. During one orchestra rehearsal, my section was struggling with a particularly difficult passage. The conductor asked about it, and I said, ,Don't worry. We will have it tomorrow.' He said, ,OK', and continued with the rehearsal. By the next day, we had indeed learned the passage."

Wieder heißt das nicht, dass formale Beziehungen keine Rolle spielten, aber gegenseitige Wahrnehmung und Wertschätzung, gemeinsame Werte, Erfahrungen und Ziele tragen ein

---

[13] James O. Coplien (2004): Organizational Patterns of Agile Software Development, Prentice Hall

Vertrauensverhältnis, das bestimmt, wie diese formalen Beziehungen gelebt werden und sogar ob oder wie sie ggf. (zeitweise) außer Kraft gesetzt werden. Trivial ist, dass das umso besser funktioniert, je kleiner die Zelle ist. Wenn bei Buurtzorg acht Pflegerinnen und Pfleger an einem Tisch sitzen, um Einsatzplanung, Rekrutierung oder auch persönliches Feedback zu besprechen, braucht es keine Formalismen. Bei mehr als hundertfünfzig Mitgliedern ist spätestens Schluss. Das praktische Problem ist, dass man sich einfach nicht mehr kennt, nicht einmal mehr oberflächlich. Wie aber will man jemandem vertrauen, den man nicht kennt?

Umgekehrt, wenn das Vertrauen da ist, funktioniert vieles von allein. Auch so eine Binsenweisheit. In der Community of Trust lösen sich aber auch alle anderen Dysfunktionen von selbst auf. Fast egal, wie man sich formal organisiert. Fast. Die Matrix jedenfalls verliert ihren Schrecken. Der entscheidende Unterschied ist, dass man sich als Individuum definiert und definiert wird, nicht qua Funktion. Jeder Manager und HR-Verantwortliche wird natürlich das Mantra beten, dass das immer und überall so ist. Aber je größer die Organisation ist, desto weniger wird dieses Individuum tatsächlich gesehen; — „gesehen" im wörtlichen Sinn, von den anderen Mitgliedern der Organisation. Dann bleibt nur die Definition der Person über ihre Rolle und ihre Funktion. Dann wird „mehr" und „höher" zum vorherrschenden Maßstab und bestimmt natürlich auch das Handeln.

In gleichem Sinne eröffnet die Zelle auch einen Ausweg aus der HR-Sackgasse. In der Community of Trust wird der *Beitrag* bewertet, nicht die Erfüllung losgelöster Kriterien auf einer Skala von Eins bis Fünf oder Zehn. Da kann Organisationstalent genauso anerkannt werden wie intellektuelle Finesse oder Durchsetzungsvermögen. Soft Skills genauso wie Hard Skills. Die Notwendigkeit der Durchschnittsbildung entfällt. Selbst die „Berater-Sucht" findet ihre natürliche Grenze. Wenn jeder jeden sieht, wird der Habitus des „andere denken Lassens" schnell suspekt, außer natürlich es gibt wirklich gute Gründe dafür.

Wie gesagt, die Größe der autonomen Einheit ist das wahrscheinlich wichtigste Kriterium. Nach der wohlverstandenen Autonomie selbst natürlich. Zwei Prinzipien aber ragen heraus, wenn es um die Organisation in der Zelle geht: Vertrauen und Sichtbarkeit. „Vertrauen". – Wieder so ein modernes Management-Mantra. Aber wie sieht die Realität aus? Welche Managerin oder welcher Manager vertraut wirklich, dass Mitarbeiter ihre Sachen (autonom) gut machen? – Wenn es wirklich um etwas geht, regiert immer noch der Satz „Vertrauen ist gut, Kontrolle ist besser". Besonders schlimm: in der Matrix kontrolliert jeder jeden. Jeder ist zumindest beteiligt und nimmt sich daraus das Recht zur Kontrolle. Und nur in seltenen Fällen ist Kontrolle Erfolgskontrolle oder Fortschrittskontrolle. Oft geht es darum, die eigenen Vorstellungen durchzusetzen. So enden wir dann beim viel beklagten „Mikromanagement". Das ist meistens gut gemeint und gar nicht so selten hat der Mikromanager sogar „recht". Die systemischen Auswirkungen aber sind katastrophal. Wenn jede Entscheidung sowieso korrigiert oder weichgespült wird, warum soll man dann überhaupt noch selbst entscheiden? – Einfacher und sogar effizienter ist es, die Entscheidung gleich der nächsten Ebene

oder dem zuständigen Komitee zu überlassen. Dann dauert es nicht lange bis sämtliche relevanten Entscheidungen „nach oben" delegiert werden und jene Mikromanager anfangen zu klagen über die mangelnde Entscheidungskraft ihrer Mitarbeiter und das Fehlen des unternehmerischen Geistes in ihrer Organisation.

Echtes Vertrauen äußert sich darin, dass man auch die — vermeintlich — zweit- oder drittbeste Entscheidung und ihre Konsequenzen aushält, ja dazu steht. Nur dann ist Verantwortungsübernahme möglich und nur dann ist Lernen möglich. Und nur dann sind Innovation und Veränderung möglich. Was nützt es denn, wenn man nur die Pfade beschreitet, die „das Management" mit seinem ganzen mentalen Erbe vorgibt? Das heißt nicht, dass man nicht Ratgeber sein kann. Es heißt auch nicht, dass man nicht einschreiten darf, wenn die drohenden Konsequenzen zu gravierend sind. Aber letzteres ist per Definition die Ausnahme, auch wenn es dem Mikromanager nicht so vorkommen mag.

Wenn man philosophieren oder psychologisieren wollte, könnte man vermuten, dass auch hier wieder unsere kollektiv unbewusste Sehnsucht nach dem Helden zu Tage tritt, der im Alleingang Drachen tötet und die Welt rettet. Wie schließlich soll man herausragen, glänzen, sich für den nächsten Schritt auf der Karriereleiter empfehlen, wenn nicht als der einsame Entscheider, der den größten Beitrag am Erfolg hat — von Misserfolgen wollen wir ja nicht reden? — Oder wenigstens die meiste „Airtime" im Steering Committee? Organisationen, die Autonomie wirklich leben wollen, brauchen eine neue Art von Führungskräften und das ist vielleicht der schwierigste Punkt von allen. Aber dazu später mehr.

In Autonomieorganisationen wird das Heldenprinzip ersetzt durch das Prinzip der „Sichtbarkeit". Gesehen wird der *Beitrag*, nicht der Eindruck. Beurteilt wird das *Ergebnis*, nicht die Lautstärke. Natürlich ist das auch das offizielle Mantra der Matrix. Das Problem ist nur, in der Matrix funktioniert es nicht. Sie hat die Verantwortung so weit aufgelöst, dass man nicht mehr beurteilen kann, wer welchen Beitrag zu was leistet. Das zweite Problem ist: je größer die Organisation ist, desto weniger wird der Einzelne gesehen. Das ist zunächst elementare Mathematik. Die Advokaten der modernen Großorganisation werden dagegen argumentieren, dass genau das der Zweck der Hierarchie ist, Informationen — auch über das Personal — Stufe für Stufe zu verdichten, so dass das Ganze optimal funktionieren kann. Theoretisch richtig, praktisch falsch. Die — entscheidende — nächste und übernächste Führungsebene macht sich ein Bild aufgrund punktueller Eindrücke; — der Präsentation im Lenkungsausschuss, der Frage im Town-Hall-Meeting. „Das ist doch ein Guter", hört man dann bei der nächsten Karriere-Konferenz, oder „Ist die nicht ein bisschen kantig?". Was fehlt, ist der korrigierende Effekt des Kollektivs. In kleinen Einheiten dagegen sieht jeder jeden. Man interagiert regelmäßig, über organisatorische und Hierarchiegrenzen hinweg (sonst hat man etwas falsch gemacht bei der Organisation der Autonomie). Da kann man sich nicht durch Lautstärke profilieren oder durch Kritik disqualifizieren. Und wo es nicht von selbst geht, hilft es Sichtbarkeit zu organisieren. Statt in der Personalkonferenz nur die Potenzialkandidaten zu besprechen, kann und muss man sich zum Beispiel die Zeit nehmen, über *jede* Mitarbeiterin und *jeden* Mitarbeiter zu sprechen. Gerne in strukturierter Form, aber nicht auf Basis abstrakter Kriterien: Projekte statt Profile. Bei hundertfünfzig Mitarbeiterinnen und Mitarbeitern dauert das vielleicht ein, zwei Tage, aber es ist gut möglich. Darüber wird es schwierig. Vor allem aber wird es mit der Größe immer schwerer, wirklich einen kollektiven oder wenigstens einen facettenreichen Eindruck zu entwickeln. Zeit für eine Zellteilung.

Schöne neue Welt

Woran es am Ende wirklich hakt

„Die Hölle ist das Unvermögen, ein anderes Geschöpf als das zu sein, als das man sich für gewöhnlich benimmt."

Aldous Huxley, Geblendet in Gaza

Schöne neue Autonomiewelt! Ein (exponentieller) Überfluss an Möglichkeiten. Purpose. Autonomy. Mastery. Weg mit all den Dysfunktionen und auf zu neuen Horizonten der Produktivität und der Zufriedenheit.

Was ist drin?

Um aber wieder auf die Kaffeeküchen und die Pendlerzüge zurückzukommen: Die Wirklichkeit sieht anders aus. Woran hakt es? Warum scheinen wir uns manchmal eher rückwärts als vorwärts zu entwickeln? Die Change-Literatur wüsste, wie es geht: zuerst braucht es eine gewisse Dringlichkeit, dann eine Koalition der Veränderungstreiber, dann gewinnt man die Early Mover und später den Rest ... bis auf die gänzlich Veränderungsunwilligen, von denen — das sagt die Change-Literatur eher durch die Blume — man sich am besten schleunigst trennt. Wenn es nicht klappt, dann waren der Druck und die Koalition nicht stark (oder senior) genug oder der inhärente Widerstand der Menschen gegenüber jeglicher Art der Veränderung zu groß. Oder alles zusammen.

Einfach. Zu einfach. Wie schon gesagt, glaube ich nicht an die Behauptung von der angeborenen Veränderungsunwilligkeit. Am Ende geht es immer um die Frage „Was ist für mich drin?". Aber auch darauf sind die Antworten oberflächlich einfach: eine höhere Befriedigung aus der Arbeit, weil man etwas schafft, anstatt sich im Kreis zu drehen, bessere Möglichkeiten, sich selbst einzubringen, eine menschlichere Arbeitsatmosphäre, weniger Routine, mehr Kreativität.

Was aber ist mit der anderen Seite? — Wenn die Möglichkeiten des Einzelnen exponentiell wachsen, wozu braucht es dann noch die Vielen? Wenn der Turnschuh aus dem Drucker kommt, was ist dann mit den Fabrikarbeitern, den Containerschiffern, den Logistikern …? Wenn die künstliche Intelligenz telefoniert, was wird dann mit den Mitarbeiterinnen und Mitarbeitern im Call Center? Wenn die Steuererklärung automatisch aus der Maschine kommt, was geschieht mit den Steuerberatern? Was macht der Google Translator aus dem Beruf des Übersetzers?

Sicher, es gibt Studien, dass mehr Jobs entstehen als wegfallen, aber was sind das für Jobs? Kreative und mathematisch-naturwissenschaftliche auf der einen Seite und soziale auf der anderen. Aber die kreativen und naturwissenschaftlichen Begabungen sind nicht allzu dicht gesät und die sozialen Berufe rangieren oft noch am unteren Ende der Renommee- und Bezahlungsskala. Die Mitte löst sich auf. Genau wie eine andere Mitte bedroht ist: die Mitte der Schnittstellen- und Beziehungsmanager in großen Organisationen. Wenn Output oder der Beitrag dazu das Kriterium ist, und wenn die Organisation danach gestaltet ist, dann wird es eng für Generiker. Das gesellschaftliche Problem, das aus diesen Entwicklungen erwächst, ist gewaltiger als unser im Vergleich kleines Change-Problem. Trotzdem ist es da. Kein Wunder, dass Agilität und Autonomie bisher vor allem da funktioniert, wo es ohnehin schon „passt", in der IT zum Beispiel, oder in der Beratung.

Ist also für die Vielen wirklich etwas drin? Das ist die falsche Frage. Die richtige Frage ist: Wie stellen wir es an, *dass* etwas drin ist? Wieder helfen die simplistischen Antworten nicht. Aus dem Steuerberater wird wahrscheinlich kein Programmierer, aus dem Call Center Mitarbeiter eher selten ein Designer und aus dem Schnittstellenmanager kein Datenanalyst. Es braucht also keine Koalition der Veränderungswütigen, die am Ende doch nur die Sense des Personalabbaus schwingen will, es braucht Veränderer, die Lösungen suchen und Antworten finden auf die Frage, was drin ist für jene, die vielleicht nicht zu einer elitären Minderheit gehören. Das aber führt uns zur nächsten und vielleicht wirklich entscheidenden Frage.

Neue Manager braucht das Land

Wer sollte die Organisation der Autonomie vorantreiben? Auch darauf hat die Change-Literatur eine eindeutige Antwort: Ohne den CEO geht (fast) gar nichts. Er braucht die Unterstützung seines Boards und einiger anderer seniorer Schlüsselpersonen in der Organisation, schließlich muss das gesamte Management die Veränderung tragen. Wie für alle anderen stellt sich aber auch für diese Gruppe die Frage, was die Veränderung Positives bringt. Die Autonomisierung wird auch hier einzelne Opfer fordern, aber das spielt eine eher untergeordnete Rolle gegenüber der ultimativen Sinnfrage, die sie aufwirft: Welche Rolle spielt das Management in einer Organisation der Autonomie?

Völlig klar ist, welche Rolle es nicht spielen darf, nämlich die des ewigen Helden, der Lichtgestalt, die das Wohl und Wehe seines Verantwortungsbereichs bestimmt, die des Mikromanagers und Besserwissers, des Entscheiders über Aufstieg und Niedergang. Wie aber schon mehrmals gesagt, scheint dieser Heldenentwurf tief verankert zu ein in unserer (westlichen) Kultur. Von Cäsar über Napoleon bis hin zum aktuellen amerikanischen Präsidenten gehört Ihnen unsere ganze Aufmerksamkeit, egal wie ihre Persönlichkeit zu beurteilen ist und egal ob und wie tragisch ihr Abgang von der Bühne sein mag. Und so gilt ihnen auch unser ganzes Streben. Jeder Berufsanfänger hat das Büro des Chief Executive fest im Blick und wenn er es nicht schaffen kann in den obersten Stock eines multinationalen Konzerns, dann macht er sich kurzerhand zum CEO eines Einmannbetriebs oder zum „Global Head of irgendwas" im Organigramm seines Unternehmens. Kürzlich habe ich auf LinkedIn einen Beitrag gelesen, in dem jemand erläutert hat, dass er sich von „Direktor" in „CEO" umbenannt hat, weil die äußere Wahrnehmung sei, dass es mehrere Direktoren geben könnte, aber nur einen CEO.

Nicht nur andere definieren uns so. Wir definieren uns selbst über unsere Rollen und so muss es mindestens ein „Head of ..." sein, der unserem Lebenslauf Gewicht gibt. Organisierte Autonomie kennt aber wenige, eigentlich keine, solchen Rollen. Heißt das, dass es in so einer Organisation gar keine Führungsaufgaben mehr gibt? Wohl eher nicht, auch wenn die Aussagen dazu manchmal recht schwammig bleiben und eher dem Zweck zu dienen scheinen, die bisherigen Halter der Leitungsrollen nicht zu sehr zu verschrecken. Gelegentlich wird dem Suchenden als Antwort angeboten, dass auch das „Chapter" einen Head braucht oder der „Tribe" einen Häuptling. Wenn man aber so anfängt, dann ist man schon wieder auf dem besten Weg zurück zu Kommando, Kontrolle und Matrix. Ich glaube, dass auch organisierte Autonomie Menschen braucht, die in der Lage sind, Prozesse und Diskussionen zielgerichtet zu lenken, im Zweifel auch kritische Entscheidungen zu treffen. Diese Rolle ist aber eine, die man sich täglich neu verdienen muss und die nicht qua Position im Organigramm für alle Zukunft festgeschrieben ist; — eine Art Primus inter Pares, kein „Head of ...". In diesem Sinne sind partnerschaftliche Organisationen wohl am ehesten das Muster, wie „Führung" in Autonomieorganisationen aussehen kann.

Die Frage ist tatsächlich eine schwere, denn auf der einen Seite bleibt das Gefühl, dass es nicht geht ohne „Leader" und „Follower". Auf der anderen Seite aber ist die Definition dieser Beziehung über die schiere Position im Organigramm längst nicht mehr Sinn stiftend. Egal wie, wenn wir über Transformation in Richtung organisierter Autonomie sprechen, ist der entscheidende Punkt: Warum sollte ein Manager, der es zu seinem Kästchen weit oben in der Unternehmenshierarchie gebracht hat, sich aufmachen in derart unerforschtes Territorium? Warum sollte er das Risiko des — gefühlten — Bedeutungsverlusts auf sich nehmen? Und wie sollte er seine

„Heads of …“ überzeugen, dass die Reise der Mühe und der Unsicherheit wert ist?

Objektiv betrachtet, ist die Antwort klar: Weil das das Unternehmen besser macht, es für die Zukunft (die längst da ist) rüstet, vielleicht die einzige Möglichkeit ist, den hungrigen Startups oder den Tech-Giganten Paroli zu bieten … . Lauter gute Gründe, aber hier schließt sich der Kreis und die Frage aller Fragen holt das seniore Management ein: „Was ist drin für mich?“. Die Antworten fallen eher dünn aus. Wie viel leichter ist es doch, beim Smalltalk auf der Cocktailparty zu erklären, dass man für zwanzig, hundert oder tausend Mitarbeiterinnen und Mitarbeiter verantwortlich ist als seine Rolle in einem Netzwerk autonomer Einheiten zu beschreiben. Wie viel einfacher ist es, Karriere zu messen in Form von Rang, Titel und Elektromotorisierung des Dienstwagens als „nur“ über den Output seiner Einheit. Und vor allem: warum sollte man das aufgeben, was man sich so mühsam erstritten und verdient hat?

Weil das im Grunde für alle Ebenen gilt und weil es die klassischen Entwicklungspfade sind, über die wir uns weitgehend definieren und weil jedes Unternehmen das Personal hat, das es sich in allen seinen Facetten verdient hat, wird auch der „Change“, der mit dieser Art der Transformation verbunden ist, größer sein als jeder andere. Aber gut, dass es einfach würde, das hat ja niemand gesagt. Vielleicht ist das der Punkt, an dem man noch einmal nachdenken sollte über die andere Variante: die Dysfunktionen beseitigen, jeden Tag ein wenig besser werden in dem was man schon gut kann, das ganze New-Age-Agilitäts-Digitalisierungs-Exponential-Beschleunigungs-Gerede in die Tasche packen und einfach machen, machen, machen.

Auf der anderen Seite gibt es sie, die Unternehmen und die Unternehmensführerinnen und -führer, die sich der organisierten Autonomie verschrieben haben. Sie organisieren sich wie Spotify oder brechen ihre bestehenden Hierarchien auf in kleine unternehmerische Inseln. Die niederländische Bank ING ist das vielleicht prominenteste Beispiel außerhalb der Startup- und IT-Welt. Fast immer geht es um die Bereiche, die in der Nähe der Produktentwicklung oder natürlich der Softwareentwicklung angesiedelt sind. Die Ergebnisse sind überall vielversprechend, aber man muss auch ehrlich sein: Das alles überstrahlende Beispiel, das (relevante) traditionelle Unternehmen, das — frisch agilisiert — seine Fesseln sprengt und seine Wettbewerber auf einen Schlag weit hinter sich lässt, gibt es bisher nicht. Die Entschuldigungen dafür sind vielfältig. Zuerst einmal braucht die Transformation selbst Zeit. Zweitens ist es schwierig, von einem der hinteren Ränge die etablierten Schwergewichte zu bedrängen. Alles richtig, aber irgendwie klingen die Entschuldigungen doch fahl und andererseits: Die Lebenserwartung dieser Schwergewichte sinkt und immer wieder gibt es neue, frische und agile (!) Herausforderer, die das bessere Ende finden. Was also ist das fehlende Glied?

In der Blase

Schaut man genauer hin, beschränkt sich der Versuch der Agilisierung fast immer auf das, was mit der Softwareentwicklung zusammenhängt. Durchaus auch auf das Davor und das Danach, Produktentwicklung, Design, Rollout, aber doch im Kern Software. Häufig konzentriert man sich zudem auf die Bereiche, wo es am leichtesten ist: Web-Anwendungen und Smartphone-Apps. Das ist wie Eulen nach Athen tragen, aber auch besser als nichts. Den großen Durchbruch jedoch darf man von so einem Ansatz nicht erwarten. Wenn er dank Konsequenz und Durchhaltevermögen funktioniert, bleibt er trotzdem reduziert auf eine kleine Blase im Meer der tradierten Organisation. Wenn er in dieser Blase funktioniert, dann steigert er vor allem die Produktivität in der Entwicklung von Software. Auch das ist an sich kein schlechtes Ergebnis, Leuchtkraft wird es kaum entfalten, vor allem wenn man der Versuchung erliegt, diesen Effizienzgewinn wiederum zur Kostensenkung zu verwenden.

Wenn das Ziel die Entfesselung neuer Potenziale ist, die Aktion selbst aber auf ihre eigene kleine Blase beschränkt bleibt und am Ende wieder nur im tradierten Sinne als effizienzsteigernde Maßnahme betrachtet wird, dann braucht man auch nicht viel erwarten. Das Mindeste wäre, die gewonnene Produktivität in Neues zu investieren aber wenn man ehrlich ist, dann fehlt oft die Phantasie – oder das Verständnis – was dieses „Neue" wirklich sein sollte, das einen so gewaltig vor die Konkurrenz katapultieren würde.

Wir sind also wieder am Anfang. Oder drehen wir uns im Kreis? Gesucht wäre die Unternehmerorganisation, aber die braucht Autonomie. Autonomie, die deutlich hinausgeht über die Nische der ohnehin schon Bekehrten. Eine Organisation, die für das Ergebnis verantwortlich ist, nicht für die letztendlich hygienische Optimierung der Kosten in einzelnen Einheiten. Eine solche Organisation zu schaffen, geht nicht ohne Risiken und auch nicht ohne Rückschläge, unternehmerische Risiken und Rückschläge, aber auch persönliche Risiken und Rückschläge. Ob genügend drin ist, um das in Kauf zu nehmen, muss jeder selbst beurteilen.

Am Scheideweg

Fassen wir zusammen.

1. Wir leben am Beginn einer Zeit, in der Größe als Notwendigkeit für den effektiven Zugang zu Gestaltungs- und Produktionsmitteln erodiert, in der eine Handvoll passionierter Menschen das kreieren können, was früher nur Großorganisationen möglich war. Die Potenziale wachsen exponentiell.

2. Gleichzeitig managen wir aber unsere (großen) Organisationen immer noch nach Paradigmen, die ihren Ursprung haben in der industriellen und vor-industriellen Zeit. Manche dieser Paradigmen — wie die Sehnsucht nach der Heldengestalt — scheinen noch früher und noch tiefer verankert zu sein.

3. So erfahren oder erzeugen wir einen scheinbar täglich zunehmenden Wahnsinn und bleiben trotzdem im Mittelmaß stecken. Die Begrenzungen durch die alten Paradigmen fressen das Potenzial auf, das wir hätten.

4. Diese Beschränkungen finden ihren Ausdruck in einem Bündel von Dysfunktionen, die das Leben in unseren großen Organisationen bestimmen, von den immer weiter ausufernden Wucherungen der Matrix bis hin zum Umgang mit der „Ressource Mensch".

5. Der Ausweg aus diesem Dilemma liegt in der Organisation von Autonomie und damit in einer dramatischen Veränderung gewohnter Strukturen und Prinzipien. Einheiten von mehr als 150 Mitarbeiterinnen und Mitarbeitern sind von sich aus anfällig für die beschriebenen Dysfunktionen.

6. Der Weg von der Skalenorganisation zur Autonomieorganisation wird versperrt durch die Frage nach dem Nutzen solch einer Transformation für den Einzelnen. Und im Gegensatz zur klassischen Reorganisation, sind es nicht nur die Mitarbeiterinnen und Mitarbeiter in den unteren und mittleren Schichten der Organisationen, die sich (objektiv) schwer tun, diesen individuellen Nutzen zu finden, es ist gerade das Top-Management, das sich „neu erfinden" muss ... oder müsste.

7. Trotzdem ist es natürlich möglich und der Lohn, der winkt, ist groß. Man darf aber nicht der Versuchung erliegen, da aufzuhören, wo es mittlerweile ohnehin selbstverständlich ist, bei der Software- und Produktentwicklung. Wenn man es ernst meint und das Potenzial wirklich entfesseln möchte, das eine Organisation der Autonomie verspricht, dann muss man weiter gehen. Wem das zu avantgardistisch — oder zu esoterisch — ist, der kann vielleicht einfach anfangen, mit den Dysfunktionen aufzuräumen.

Die Versuchung ist groß, dieses Buch zu beenden mit einem pathetischen Aufruf zum Handeln, nach dem Motto: Wer sich nicht schnell ändert, der wird schnell auf der Strecke bleiben! Aber das wäre nicht fair. Sollten wir kollektiv oder individuell auf eine oder unterschiedliche Singularitäten zu driften, wird rasches Handeln kaum nützen. Wir wissen nicht einmal, ob wir den Ereignishorizont schon passiert haben. Sollte aber die nähere Zukunft für unsere Organisation keine Singularität bereithalten, gilt weiterhin: Größe ist etwas, von dem man zehren kann. Mit genügend Speck auf den Rippen machen auch ein paar kalte Tage wenig aus. Der Niedergang wird kein plötzlicher sein, eher ein schleichender. Er wird auch nicht kontinuierlich sein, eher ein langfristiger Trend, überlagert von Höhen und Tiefen. Auch der Herbst unserer Organisationen hält noch ein paar warme Tage bereit und viele werden diesen Herbst noch genießen können bevor der Winter endgültig kommt. Ich spreche nicht von Stillstand, von „Run-Off". Selbst das wäre eine Option, aber wer würde sich schon diese Blöße geben?

Nein, das Management-Mantra ist „Stillstand ist Rückschritt" und so wird man das Rad immer schneller drehen, den gefühlten Wahnsinn weiter beschleunigen, nur um mit dem Durchschnitt langsam, ganz langsam fortzuschreiten. Der Preis, den man dabei zahlt, ist ein immer größer und schmerzhafter werdender Spagat zwischen Anspruch und Wirklichkeit, zwischen Potenzial und Ergebnis. Ein Preis, der zuallererst bewusst wird in den Kaffeeküchen und Pendlerzügen, allerdings ohne große Handlungsoptionen. Individueller Burnout und kollektiv schleichender Niedergang.

Genug der Provokation. Denken wir nach und packen es an!

Danksagung

So ein Buch braucht nicht nur Inhalt, es braucht auch ein Umfeld, in dem es reifen und gedeihen kann. Dieses Umfeld hat mir meine Familie gegeben, meine Frau Angela Wünsch und meine Kinder Miriam, Annika und Felix. Angie war dabei ein steter Quell inhaltlicher Impulse und Prüfstein für die Wahrheit und Klarheit der Gedanken. Nicht zuletzt hat sie die verschiedenen Versionen des Manuskripts mit genauem Blick auch für Details korrekturgelesen und verbessert. Annika war mein Ratgeber in Stil- und Designfragen.

Für die vielen Diskussionen, ihre inhaltlichen Beiträge und ihre freundschaftliche Unterstützung bedanke ich mich ganz herzlich bei Volker Heuer, Ralf Schneider, Jürgen Weber und Robert Wreschniok.

Sabine Kennel schließlich gilt besonderer Dank. Ihre wunderbaren Illustrationen bereichern dieses Buch. Sie machen es schöner und irgendwie „leichter".

Besuchen Sie auch Sabines Website https://world-of-kensa.de und mein Blog auf https://gehacon.de.